I0757168

Wie Sie Menschen wie ein Buch lesen können

Entdecken Sie die versteckten Hinweise in der Körpersprache und entschlüsseln Sie die Psychologie der Menschen

Inhaltsverzeichnis

Einleitung

Waren Sie schon einmal in einer Situation, in der Sie sich wünschten, Sie könnten Gedanken lesen? Wenn Sie wissen, was andere Menschen denken und fühlen, können Sie besser mit ihnen kommunizieren und sich durch Einblicke in ihre Absichten vor Schaden bewahren. Leider ist Gedankenlesen nicht möglich, aber es gibt andere wirkungsvolle Methoden, mit denen Sie Menschen wie ein Buch lesen können. Wenn Sie lernen, Körpersprache zu lesen, versteckte körpersprachliche Hinweise zu entdecken und die Psychologie einer Person zu entschlüsseln, können Sie menschliches Verhalten vorhersagen.

Viele Menschen wissen nicht, dass die meiste Kommunikation über nonverbale Botschaften erfolgt. Sie sind entscheidend dafür, wie Menschen sich ausdrücken, ihre Emotionen zeigen und ihre Grundhaltung und Absichten offenbaren. Nonverbale Botschaften ergänzen verbale Interaktionen und unterstützen die Kommunikation, die mit Worten nicht möglich ist. Daher ist es wichtig, die Kunst der Körpersprache zu beherrschen.

Wenn Sie nach nonverbalen Botschaften Ausschau halten, können Sie Ihren Verdacht überprüfen. Die Körpersprache einer Person kann ihre Aussagen entweder verifizieren oder widerlegen. Wenn eine Person das eine sagt, aber ihre Körpersprache etwas anderes ausdrückt, dann wissen Sie, dass sie lügt. Wenn Sie auf nonverbale Botschaften achten, lernen Sie auch, einfühlsamer zu sein. Sie lernen, Anzeichen dafür zu erkennen, dass jemand ängstlich ist oder sich unwohl fühlt und entsprechend zu reagieren.

Nonverbale Botschaften lesen zu lernen ist eine Fähigkeit, die man sich aneignen und üben kann. Dazu müssen Sie jedoch Ihre Aufmerksamkeit für Details, Ihre Beobachtungsgabe und Ihre Interpretationsfähigkeit trainieren. Sie müssen subtile Hinweise wie Körperhaltung, Tonfall, Mimik und andere Körpergesten wahrnehmen, um Menschen zu lesen wie ein Buch. Dieses Buch ist der ultimative Leitfaden, um Menschen zu deuten und ein hervorragender Kommunikator zu werden.

Dieses Buch enthält entscheidende Techniken und Tipps, um ein effektiver Kommunikator zu werden. Sie lernen, sich bei der Beobachtung von Gesten auf Ihren Instinkt zu verlassen und zu erkennen, wann andere lügen. Sie werden verstehen, wie Sie die Emotionen und den Ehrlichkeitsgrad einer Person lesen können, indem Sie ihre die Körpersprache beobachten.

Außerdem erfahren Sie in diesem Buch alles rund um die Körperhaltung einer Person bei der Kommunikation. Sie werden herausfinden, was es bedeutet, wenn jemand eine offene oder geschlossene Haltung einnimmt und was dies über seine Persönlichkeit oder sein Engagement verrät. In Kapitel vier lernen Sie, wie Sie sich vor Täuschung schützen können. Viele Menschen nutzen die Möglichkeit der Täuschung, wenn sie mit anderen kommunizieren. Wenn Sie also lernen, sie zu erkennen, wird es Ihnen leichtfallen zu erkennen, wann andere lügen und böse Absichten hegen.

Darüber hinaus lernen Sie, wie wichtig Nähe ist, wenn es darum geht, nonverbale Botschaften zu entschlüsseln, und wie unterschiedliche Stimmlagen unterschiedliche Emotionen und Bedeutungen vermitteln. Sie werden die Bedeutung des Kontextes bei der Interpretation von Botschaften lernen, wie z.B. kulturelle Normen, Werte und soziale Einflüsse. Ihnen wird klar, wie der Hintergrund eines jeden Menschen seine Kommunikation und Körpersprache beeinflusst.

Das letzte Kapitel enthält ausführliche Informationen über die Anwendung des Wissens und der Fähigkeiten, die Sie im Verlauf dieses Buches erworben haben, in zahlreichen Kontexten, z.B. am Arbeitsplatz, in sozialen Situationen und in persönlichen Beziehungen. Sie erhalten Tipps und Strategien für den Einsatz von Körpersprache, um die Kommunikation zu verbessern, stärkere Beziehungen aufzubauen und Einblicke in das menschliche Verhalten zu gewinnen.

Wenn Sie das Buch gelesen haben, sollten Sie ein tieferes Verständnis für nonverbale Botschaften haben und diese nutzen können, um andere effektiv zu verstehen und mit ihnen zu kommunizieren. Mit Hingabe, Geduld und Übung können Sie diese Fähigkeiten in Ihr tägliches Leben in verschiedenen Situationen einbauen und Menschen lesen wie ein Buch.

Kapitel 1: Die Kunst der Beobachtung

Menschen kommunizieren nicht nur mit Worten. Tatsächlich erfolgt 65% der Kommunikation über die Körpersprache. Viele achten jedoch nur auf den gesprochenen Teil eines Gesprächs und vergessen dabei, dass viele Gedanken und Emotionen oft nonverbal ausgedrückt werden. Eine Person kann zum Beispiel während eines

Indem Sie Ihre Mitmenschen beobachten, können Sie die Körpersprache deuten.[1]

Gesprächs scherzen oder lachen, aber wenn Sie auf ihre Mimik achten, können Sie erkennen, dass sie traurig oder verärgert ist. Das Gleiche gilt für Lügen. Sie nehmen vielleicht an, dass jemand die Wahrheit sagt, aber ein Blick in die Augen kann verraten, dass die Person nicht ehrlich ist. Die Körpersprache ist ein wichtiges Instrument. Wenn Sie lernen, bestimmte Anzeichen zu deuten, werden Sie besser verstehen, was Ihr Gegenüber Ihnen mitteilen will.

Berufliche und persönliche Beziehungen können nur dann erfolgreich sein, wenn Sie Kommunikationskompetenzen erlernen, wobei das

Verständnis der Körpersprache einer der wichtigsten Schlüssel zur Kommunikation ist. Manchmal kann eine Person ausdrücken, was sie wirklich fühlt, ohne ein Wort zu sagen. Einige der deutlichsten Botschaften werden durch die Körpersprache vermittelt. Wenn Sie sich beispielsweise mit Ihrem Partner streiten und verletzende Dinge sagen und er nicht darauf reagiert, sondern stattdessen mit verschränkten Armen dasitzt. Das deutet darauf hin, dass er sich angegriffen fühlt und sich vor Ihnen schützen will. Wenn Sie die Bedeutung dieses Hinweises verstehen, werden Sie erkennen, wie sehr ihn Ihre Worte verletzen, deshalb setzen Sie sich wieder hin und entschuldigen sich!

Unter Körpersprache versteht man die nonverbalen Botschaften, die Menschen aussenden, um ihre Gefühle und Gedanken auszudrücken. Dazu gehören in der Regel Gesichtsausdrücke, Körperbewegungen, Tonfall und Lautstärke Ihrer Stimme und verschiedene andere Signale. Die Körpersprache einer Person kann ihre wahren und echten Emotionen ausdrücken, da diese Gesten oft unbewusst erfolgen. Sie offenbart also das wahre Wesen einer Person, das sich nicht verbergen lässt. Sie können andere Menschen lesen, indem Sie auf die Signale ihres Körpers achten - durch die Kunst der Beobachtung.

Was ist die Kunst der Beobachtung?

Beobachtung ist ein mentaler Prozess, bei dem Gedanken und Wahrnehmung zum Einsatz kommen. Es ist jedoch etwas anderes als Sehen. Wenn Sie etwas sehen, betrachten Sie nur das, was an der Oberfläche ist, aber Beobachten ist ein komplexerer und tieferer Prozess. Die Kunst der Beobachtung besteht darin, eine unbewusste oder bewusste Verbindung zu den Informationen herzustellen, die Sie bereits haben. Zum Beispiel werden Sie das, was Sie bewusst oder unbewusst vom Sprecher wahrnehmen, mit den Informationen verknüpfen, die Sie bereits über die Körpersprache haben, und in der Lage sein, zu interpretieren, was der Sprecher mitteilt.

Die Beobachtungsfähigkeit zu entwickeln bedeutet, dass Sie Menschen immer neugierig beobachten, um zu verstehen, was sie sagen wollen, aber nicht können oder wollen.

Die Bedeutung der Beobachtung für die Körpersprache

Obwohl Sie sich dessen nicht bewusst sind, nehmen Sie täglich verschiedene nonverbale Botschaften auf. Sie interpretieren diese Signale nur, wenn Sie die Körpersprache anderer wirklich beobachten.

Heutzutage hören die Menschen einander jedoch kaum noch zu, geschweige denn, dass sie die Körper- oder Gesichtsausdrücke der anderen wahrnehmen. Entweder warten sie darauf, dass sie an der Reihe sind, also sind sie nicht voll und ganz in das Gespräch vertieft und denken eher darüber nach, was sie sagen werden. Oder sie schauen auf ihr Handy und sind abgelenkt, so dass sie dem Sprecher keine Aufmerksamkeit schenken.

Beobachtung erfordert, dass Sie Ablenkungen und persönliche Voreingenommenheit loslassen und nur dem Aufmerksamkeit schenken, was jemand verbal und nonverbal mitteilt. Da die Körpersprache oft subtile Hinweise enthält, werden Sie viele Signale übersehen, wenn Sie nicht vollständig aufmerksam sind. Zum Beispiel lächelt eine Person normalerweise mit ihrem Mund und ihren Augen. Die meisten Menschen achten jedoch nur auf die Lippen. Zu einem echten Lächeln gehören Falten in den Augenwinkeln, die Sie nur bei genauer Beobachtung bemerken. Das Lächeln der Person ist nicht echt, wenn diese Falten nicht vorhanden sind. Je nach Kontext kann Ihnen diese Beobachtung viel über die Person verraten. Wenn Sie beispielsweise einem Freund Ihre guten Neuigkeiten mitteilen und er Ihnen mit einem breiten Lächeln gratuliert, stellen Sie bei näherer Betrachtung fest, dass sein Lächeln nicht echt ist, was darauf hindeutet, dass die Reaktion nur vorgetäuscht ist. Wenn Sie das wissen, werden Sie in Zukunft vorsichtig sein, denn derjenige hat nicht Ihr bestes Interesse im Sinn.

Oder Sie sind mit Freunden zusammen und einer lächelt, aber die Augen erzählen eine andere Geschichte. Derjenige könnte verärgert sein, aber seine Gefühle mit einem falschen Lächeln verbergen. Wenn Sie merken, dass es Ihrem Freund nicht gut geht, fragen Sie nach und versuchen Sie, ihn aufzumuntern oder warten Sie auf den richtigen Moment, um nach ihm zu sehen. Diese und viele andere Beispiele zeigen, warum die Beobachtung der Körpersprache so wichtig ist. Sie zeigt Dinge, die Sie auf andere Weise nicht bemerken würden.

Jedoch kann ein einziger Anhaltspunkt mehr als eine Interpretation haben. In dem obigen Beispiel mit den guten Nachrichten ist es zum Beispiel möglich, dass Ihr Freund schlechte Nachrichten erhalten hat, so dass er sich nicht wirklich über Ihre Erfolge freuen konnte. Zögern Sie nicht, Fragen zu stellen, um die Absichten der Person besser zu verstehen. In den folgenden Kapiteln erfahren Sie mehr über die

Bedeutung verschiedener Signale und Hinweise wie Nase, Zähne, Körperhaltung usw., wodurch Sie weitere Informationen erhalten.

Fertigkeiten, um ein effektiver Beobachter zu werden

Manche Menschen sind aufmerksamer als andere, aber keine Sorge. Sie können diese Fähigkeit verbessern, indem Sie wichtige Kompetenzen erlernen. Die Fähigkeit zur Beobachtung ist eine besondere Eigenschaft, die es Ihnen ermöglicht, einige oder alle Ihre Sinne zu nutzen, um die empfangenen Informationen zu erkennen, zu analysieren und zu verstehen.

Diese Fertigkeiten sind einfach, und Sie können sie leicht anwenden, um ein effektiver Beobachter zu werden.

Lernen Sie die Person kennen

Wenn Sie die Person, die Sie beobachten, kennen, haben Sie einen besseren Blick auf ihre Kommunikation. Sie können zwar auch einen Fremden lesen, aber wenn Sie die Person kennen, können Sie ihre Körpersprache genauer interpretieren, zumal eine einzige Geste verschiedene Bedeutungen haben kann. Zum Beispiel sitzt Ihre Mitarbeiterin in einer Besprechung und hat die Hand auf dem Kinn. Diese Geste zeigt in der Regel an, dass jemand entweder trotzig oder in Gedanken versunken ist. Sie wissen, dass sie nur so sitzt, wenn sie sehr intensiv nachdenkt. Daher können Sie ihre Körpersprache auf der Grundlage Ihres Wissens über sie interpretieren.

Verstärken Sie Interaktionen

Interagieren Sie mehr mit anderen, damit Sie die verschiedenen körpersprachlichen Signale lernen, Ihre Perspektive erweitern und Ihre Beobachtungsgabe verbessern können. Versuchen Sie, jeden zu lesen, den Sie treffen, auch wenn es nicht notwendig ist. Betrachten Sie es als Übung. Zwingen Sie sich dazu, sich auf andere zu konzentrieren. Mit der Zeit wird das Beobachten für Sie ganz natürlich sein.

Beobachten Sie Fremde

Das bedeutet nicht, dass Sie andere anstarren und ihnen Unbehagen bereiten müssen. Gehen Sie in ein Café, ein ruhiges Restaurant oder einfach dorthin, wo Sie gerade sind, und beobachten Sie die Menschen. Beobachten Sie ihre Körpersprache und wie sie sich in verschiedenen Situationen verhalten. Achten Sie zum Beispiel auf den Unterschied zwischen jemandem, der mit ernstem Gesichtsausdruck auf seine Arbeit konzentriert ist, und einem anderen, der in entspannter Haltung ein Buch liest. Vielleicht begegnen Sie einem Paar, das sich streitet oder ein Date hat. Achten Sie auf den Unterschied im Tonfall, in der Gestik, in der Körpersprache, usw. Das ist eine gute Möglichkeit, die Beobachtungsgabe zu trainieren und die Signale der Menschen zu deuten.

Ein Tagebuch führen

Schreiben Sie Ihre Begegnungen mit anderen Menschen und Ihre Wahrnehmungen beim Beobachten von Fremden auf. Sie können dies tun, während Sie sie beobachten. Sie können zum Beispiel schreiben: Wütende Menschen ballen oft ihre Fäuste oder das Paar bei einem Date spiegelt oft die Gesten des anderen.

Konzentrieren Sie sich

Beobachtung erfordert Geduld und Konzentration. Wenn Sie gestresst, abgelenkt oder in Eile sind, können Sie nicht lesen und verstehen, was die andere Person signalisiert. Beim Lesen der Körpersprache müssen Sie gleichzeitig jedes Detail des Gesichtsausdrucks, des Tonfalls, der Augen, der Körperhaltung usw. Ihres Gegenübers wahrnehmen. Wenn Sie nicht im Augenblick präsent sind und sich mit vergangenem Bedauern, Zukunftssorgen oder anderen Ablenkungen beschäftigen, entgehen Ihnen viele Botschaften, die Ihr Gegenüber sendet.

Bringen Sie sich selbst bei, langsamer zu werden, anzuhalten und Ihren Geist zu beruhigen, um alle Geräusche in Ihrem Kopf zum Schweigen zu bringen, damit Sie sich nach außen statt nach innen konzentrieren können. Achtsamkeitstechniken wie Yoga, Meditation und Atemübungen sorgen dafür, dass Sie sich konzentrieren und im Augenblick leben.

Beseitigen Sie Ablenkungen

Es ist immer höflich, Ihr Handy wegzulegen und den Menschen um Sie herum Aufmerksamkeit zu schenken. Wenn Sie jedes Mal, wenn Sie eine Nachricht erhalten, auf Ihr Handy schauen, werden Sie nicht nur vom Gespräch abgelenkt, sondern verpassen auch bestimmte schnelle oder subtile Signale wie ein nicht echtes Lächeln. Laut dem amerikanischen Autor Tom DeMarco dauert es in der Regel etwa fünfzehn Minuten, bis Sie sich wieder konzentrieren können, wenn Sie abgelenkt sind. Daher ist es ratsam, alle Ablenkungen zu vermeiden, wenn Sie mit anderen sprechen.

Nutzen Sie Ihr Gedächtnis

Beobachtung erfordert ein gutes Gedächtnis. Manchmal müssen Sie sich an bestimmte Aspekte einer Person erinnern, um deren Gefühle oder Gedanken besser zu verstehen. Verschränkt Ihr Kollege zum Beispiel oft die Arme bei Besprechungen, oder ist es das erste Mal? Wenn es das erste Mal ist, könnte dies eine weitere Beobachtung erfordern.

Denken Sie kritisch

Kritisches Denken ist eine wichtige Fähigkeit bei der Beobachtung. Sie können das, was Sie beobachten, hinterfragen, den Verstand einsetzen und die Beobachtung analysieren.

Jetzt, da Sie die notwendigen Fähigkeiten in der Kunst der Beobachtung kennen, sollten Sie bestimmte Techniken in jedem Gespräch anwenden, um bessere Interaktionen zu erzielen.

Aktives Zuhören

Aktives Zuhören ist eine Kommunikations- und Beobachtungskompetenz. Sie hören nicht nur, was Ihr Gesprächspartner sagt, sondern versuchen auch zu verstehen, was hinter seinen Worten steckt, um seine Absicht zu erfahren und durch Ihre Körpersprache oder durch Fragen zu zeigen, dass Sie sich engagieren. Wenn Sie aktiv zuhören, nehmen Sie das, was Ihr Gegenüber sagt, mit voller Aufmerksamkeit und Einfühlungsvermögen auf.

Der amerikanische Psychologe Carl Rogers hat eine Technik entwickelt, die er reflektierendes Zuhören nennt und die vor allem für Psychologen gedacht ist. Bei dieser Methode wird das, was der Sprecher sagt, mit seinen eigenen Worten zusammengefasst, anstatt es zu paraphrasieren und die eigenen Worte zu verwenden. Wenn Sie diese Technik anwenden, fühlt sich Ihr Gesprächspartner verstanden, und Sie können einen Großteil der Informationen behalten.

Aktive Zuhörtechniken sind:

Zuhören, ohne zu urteilen oder zu kritisieren. Seien Sie aufgeschlossen und versuchen Sie, die Dinge aus der Sicht des anderen zu verstehen, nicht aus Ihrer.

Bemühen Sie sich, den anderen zu verstehen und warten Sie nicht nur darauf, dass Sie an der Reihe sind, zu sprechen oder zu antworten.

Stellen Sie offene Fragen, um das Gespräch voranzutreiben, und zeigen Sie Interesse an der anderen Person, indem Sie sie ermutigen, mehr zu sagen, z.B. „Was denken Sie, wie hätten Sie die Situation anders angehen können?" Stellen Sie auch Folgefragen, um besser zu verstehen, was die Person sagt, und um weitere Informationen zu sammeln. Zum Beispiel: „Mal sehen, ob ich das richtig verstehe. Sie sagen also, dass Sie Ihren Job satthaben und kündigen wollen, richtig?" Auf diese Weise werden Missverständnisse vermieden und Sie können präzise antworten.

Verwenden Sie nonverbale Signale wie Nicken oder Lächeln, wenn es angebracht ist. Achten Sie auch auf ihre nonverbalen Botschaften. Zeigen Sie mit verbalen Hinweisen wie „Ich verstehe" oder „Ich verstehe, wie Sie sich fühlen", dass Sie aufmerksam sind.

Halten Sie Blickkontakt, um der anderen Person zu zeigen, dass sie Ihre volle Aufmerksamkeit hat. Ziehen Sie in Erwägung, Ablenkungen zu beseitigen, z. B. Ihr Telefon auf lautlos zu stellen, damit Sie während des Gesprächs nicht ständig wegschauen.

Seien Sie ganz präsent, aufmerksam und engagiert im Gespräch.

Vermeiden Sie Unterbrechungen, denn das zeigt, dass Sie nicht an dem interessiert sind, was Ihr Gesprächspartner sagt, sondern nur Ihre Meinung sagen oder das Thema wechseln wollen.

Wenn Sie um Ihre Meinung oder einen Ratschlag gebeten werden, teilen Sie diese mit, um zu zeigen, dass Sie verstanden haben, was die andere Person gesagt hat.

Reflektieren und paraphrasieren Sie die Worte des Gesprächspartners, wie z.B. „Ich verstehe, was Sie meinen, wenn Sie sich in Ihrer Beziehung erdrückt fühlen und manchmal wünschen, Sie könnten einfach weglaufen." Das zeigt der anderen Person, dass Sie alles, was sie sagt, aufmerksam zur Kenntnis nehmen.

Achten Sie auf die Stille. Wenn Ihr Gegenüber innehält und Sie anschaut, erwartet die Person eine Antwort von Ihnen. Reagieren Sie sofort, sonst könnte man denken, Sie würden nicht aufpassen.

Seien Sie geduldig. Manche Menschen haben Schwierigkeiten, ihre Gedanken oder Gefühle auszudrücken. Vermeiden Sie es, ihre Sätze zu beenden, denn das ist ihnen unangenehm und sie könnten denken, Sie seien frustriert. Lassen Sie ihnen Zeit und füllen Sie die Stille nicht aus.

Arten des aktiven Zuhörens

Therapeutisches Zuhören

Therapeutisches Zuhören ermöglicht es einer Person, z.B. einem Familienmitglied oder einem Freund, sich über das auszulassen, was sie verärgert hat. Ihre Rolle ist es, den Therapeuten zu spielen, indem Sie nur zuhören, was derjenige sagt, nicht urteilen und keine Ratschläge geben, es sei denn, er bittet darum. Zeigen Sie Verständnis für das, was der Betroffene durchmacht, halten Sie dabei Blickkontakt und senden Sie ihm unterstützende und verständnisvolle Signale wie ein Kopfnicken.

Kritisches Zuhören

Dies bedeutet, dass Sie zuhören und dabei den Verstand einsetzen, um die Worte der anderen Person ohne persönliche Voreingenommenheit oder Meinungen zu analysieren. Kritisches Zuhören ist von Vorteil, wenn Sie mit Menschen zu tun haben, die ein bestimmtes Ziel verfolgen. Ein Verkäufer zum Beispiel wird alles sagen, um Ihnen sein Produkt zu verkaufen. Wenn Sie das, was er sagt, für bare Münze nehmen oder sich von seinem Charme beeindrucken lassen, werden Sie vielleicht etwas kaufen, das Sie gar nicht brauchen. Wenn Sie kritisch zuhören, nutzen Sie die Logik, um die Informationen zu interpretieren, damit Sie die richtige Entscheidung treffen können.

Umfassendes Zuhören

Umfassendes Zuhören bedeutet, dass Sie dem Sprecher Ihre ungeteilte Aufmerksamkeit schenken, um zu verstehen, was er sagt. Normalerweise erfordert dies eine der Techniken des aktiven Zuhörens, wie z.B. das Stellen von Folgefragen oder das Paraphrasieren der Worte des Sprechers.

Eingehendes Zuhören

Bei dieser Technik geht es darum, die Perspektive der anderen Person zu verstehen. In diesem Fall beobachten Sie nonverbale und verbale Signale und ermutigen den Sprecher, Ihnen zu vertrauen und seine Gefühle und Gedanken auszudrücken.

Empathische Beobachtung

Empathie bedeutet, zu verstehen, was jemand auf emotionaler Ebene sagt und die Dinge aus seiner Perspektive zu sehen. Es ist eine seltene Fähigkeit, die darin besteht, sich in die Lage einer anderen Person zu versetzen und deren Emotionen zu erleben. Ein Beispiel: Ihr Freund erzählt Ihnen von seinem Schmerz über den Verlust seines Vaters. Obwohl Ihre beiden Elternteile noch leben, können Sie sich in die Situation Ihres Freundes hineinversetzen und seine Gefühle nachempfinden.

Empathische Beobachtung bedeutet, dass Sie auf die verbalen und nonverbalen Botschaften Ihres Gegenübers achten und Empathie anwenden, um eine emotionale Verbindung zu ihm aufzubauen. Manchen Menschen fällt es schwer, ihre Gefühle auszudrücken, und die Hälfte dessen, was sie eigentlich nicht sagen, zeigt sich in ihrer Körpersprache. Durch einfühlsames Beobachten können Sie ihre körperlichen Signale lesen und auf ihren Tonfall hören, um ihre Gefühle zu verstehen und als Ihre eigenen zu erleben. Mit anderen Worten, diese Technik versetzt Sie von der Rolle des Zuschauers oder Zuhörers in die Rolle desjenigen, der in die Geschichte des Gesprächspartners involviert ist, was Ihnen ein tieferes Verständnis seiner Erfahrungen ermöglicht.

Situationsbewusstsein

Situationsbewusstsein ist das Ergebnis eines mentalen Prozesses der Beobachtung, um bestimmte Informationen zu sammeln und zu verstehen. Sie reagieren darauf, indem Sie den möglichen Ausgang der Situation vorhersagen. Obwohl diese Vorhersagen nicht immer richtig sind, können sie einen besseren Einblick in zukünftige Ereignisse geben. Mit anderen Worten: Sie nehmen Ihre Umgebung wahr, sammeln die Informationen aus verschiedenen Quellen, entschlüsseln sie, um das Risiko einzuschätzen, und planen Ihre nächsten Schritte entsprechend.

Der Zweck dieser Technik ist es, sich der Dinge bewusst zu sein, die keinen Sinn ergeben oder nicht in Ihre Umgebung gehören. Richtig angewandt, kann Situationsbewusstsein Ihr Leben retten.

Die drei Ebenen des Situationsbewusstseins sind:

1. **Wahrnehmung.** Beobachten und Sammeln von Daten, indem Sie sich auf die wichtigen und relevanten Informationen um Sie herum konzentrieren, während Sie die unwichtigen ignorieren.

2. **Repräsentation.** Verknüpfen Sie Ihre aktuellen Beobachtungen mit Ihren früheren Erfahrungen.

3. **Projektion.** Sie nutzen Ihr Verständnis der Situation, um vorauszusehen, was passieren wird.

Situationsbewusstsein kann in jedem Aspekt Ihres Lebens angewendet werden. Während eines Gesprächs sollten Sie beispielsweise auf jedes Wort achten, das gesagt wird, wie die Namen der Gesprächspartner, die verwendeten Zeitformen, die Art und Weise, wie sie ihre Botschaft vermitteln, usw. Sie sollten die verbalen und nonverbalen Botschaften der Gesprächspartner beobachten, um die Informationen zu verarbeiten und zu analysieren und die richtige Antwort vorzubereiten.

Selbst wenn Sie eine Fernsehsendung sehen, wenden Sie Situationsbewusstsein an, indem Sie sich die Namen der Figuren, ihre Geschichten, ihre Beziehungen zueinander, die Dialoge und den Schauplatz der Geschichte merken.

Intuition bei der Beobachtung

Intuition ist das Bauchgefühl, das Ihnen oft sagt, wenn sich etwas nicht richtig anfühlt und Sie es nicht tun sollten. Ein Kollege rät Ihnen beispielsweise, in ein Nebenprojekt mit ihm zu investieren, aber tief im Inneren spüren Sie, dass das nicht funktionieren wird. Das ist Ihre Intuition, die Sie warnt, dass es kein sicheres Unterfangen ist. Meistens ist Ihr Bauchgefühl richtig. Es ist nicht wie ein sechster Sinn. Ihr Gehirn nutzt Hinweise und Signale von anderen oder Ihrer Umgebung und greift auf frühere Erfahrungen zurück, um eine fundierte Entscheidung zu treffen - das ist Intuition.

Die Intuition ist bei der Beobachtung von Bedeutung, denn sie gibt Ihnen ein Gefühl für die Signale, die andere aussenden. Sie treffen zum Beispiel jemanden und spüren, dass er freundlich ist. Sie wissen nicht, warum, aber Sie fühlen sich in seiner Nähe wohl. Ihr Gehirn hat unbewusst bestimmte Hinweise auf die Person gesammelt, wie z.B. ein warmes und echtes Lächeln, was zu diesem Bauchgefühl führt.

Wenn Sie andere beobachten, spüren Sie oft deren Emotionen wie Angst, Freude, Traurigkeit oder sogar, ob es sich um gute oder schlechte Menschen handelt. Zu diesem Schluss kommen Sie aufgrund ähnlicher Muster, die Ihnen in der Vergangenheit begegnet sind. Sie wissen zum Beispiel, dass diese Person traurig ist, weil Sie schon früher traurige Gesichtsausdrücke gesehen haben, also stellt das Gehirn schnell die Assoziation her. Dieser Prozess läuft normalerweise unbewusst ab. Sie wissen, dass diese Person nicht glücklich ist oder dass Ihr Kollege nicht vertrauenswürdig ist, aber Sie wissen nicht, woher Sie das wissen.

Die Intuition ist ein mächtiges Werkzeug. Ignorieren Sie sie niemals, wenn Sie die Körpersprache anderer Menschen und Ihre Gefühle für sie interpretieren.

Tipps, wie Sie Ihrem Instinkt beim Lesen der Körpersprache vertrauen können

Oft vertrauen die Menschen nicht auf ihre Intuition. Doch wenn Sie diese Informationen sammeln, können Sie sich auf Ihre Entscheidungen verlassen.

Achten Sie auf die nonverbalen Botschaften anderer und darauf, ob sie mit ihren Worten übereinstimmen oder nicht.

Wenn dies nicht der Fall ist, sollten Sie überlegen, welche Absichten oder Gefühle Ihr Gegenüber hat und ob es möglich ist, dass er sich nicht bewusst ist, dass er die Unwahrheit sagt.

Fragen Sie sich, was die Person nicht preisgibt und ob ihre Antworten ungewöhnlich sind.

Achten Sie darauf, ob Ihr Gesprächspartner zögerlich oder selbstbewusst mit seinen Informationen umgeht und was seine Antworten Ihnen über ihn und das Thema des Gesprächs verraten.

Denken Sie über Ihre Beziehung zu den Personen nach. Fragen Sie sich, ob diese Veränderung in der Persönlichkeit des Gesprächspartners darauf zurückzuführen ist, dass er eine versteckte Absicht verfolgt oder einfach nur eine Verbindung zu Ihnen aufbauen möchte.

Wenn ihre Worte nicht mit ihren Taten übereinstimmen, was sagt das über die Person und ihre Absichten aus? Sie könnten zum Beispiel verwirrt sein oder vorgeben, jemand zu sein, der sie nicht sind.

Ist die Körpersprache eher eine Gewohnheit und spiegelt nicht ihre Gefühle oder wahren Absichten wider? Manche Menschen haben zum Beispiel die Angewohnheit, die Schultern hängen zu lassen. Das ist ihre Art, sich zu bewegen, also können Sie das nicht als ein Zeichen von Langeweile interpretieren.

Behandeln Sie die Kunst der Beobachtung wie echte Kunst oder Poesie. Sie können sich nur entwickeln, wenn Sie im Augenblick leben und sich auf die Welt um Sie herum einlassen. Anstatt Menschen nur oberflächlich zuzuhören oder mit ihnen zu kommunizieren, gehen Sie in die Tiefe und analysieren Sie, was sie nicht offen aussprechen.

Der Gesichtsausdruck und die Körpersprache der Menschen verraten Ihnen ihre wahre Identität und was sie verbergen. Achten Sie auf die Traurigkeit in den Augen, den Ärger hinter dem Lächeln oder das Unbehagen in den Schultern. Sie werden starke Kommunikationsfähigkeiten entwickeln, da Sie die Menschen in Ihrem Leben verstehen, indem Sie sie einfach nur ansehen.

Die Beobachtung anderer Menschen kann Sie auch davor schützen, dass diese Sie anlügen oder Ihnen etwas vorenthalten. Anstatt die Informationen, die Ihnen gegeben werden, für bare Münze zu nehmen, werden Sie bemerken, wenn jemand Sie betrügt.

Beobachtung ist eine notwendige Fähigkeit, um andere bei Interaktionen zu verstehen. Trainieren Sie, zu beobachten, statt nur zu schauen, hören Sie aktiv zu, stellen Sie Folgefragen, beseitigen Sie Ablenkungen, lassen Sie sich voll und ganz auf das Gespräch ein, fassen Sie zusammen, was andere Ihnen erzählen, und seien Sie immer im Hier und Jetzt präsent.

Niemand wird mit starken Beobachtungsfähigkeiten geboren. Sie können diese Fähigkeiten entwickeln, indem Sie alle in diesem Kapitel genannten Tipps anwenden. Auch wenn es Zeit braucht, ist es das wert, wenn Sie die Auswirkungen auf Ihre Beziehungen erkennen. Lassen Sie sich nicht hetzen. Es ist nicht einfach, eine neue Fähigkeit zu erlernen, aber irgendwann werden Sie es schaffen und es wird Ihnen zur zweiten Natur werden.

Kapitel 2: 10 Tipps zum Entschlüsseln von Gesichtsausdrücken

Nichts ist so ausdrucksstark wie das menschliche Gesicht. Sie brauchen nicht zu sprechen, um Ihre Emotionen zu vermitteln, denn Ihre Augen, Lippen, Augenbrauen, Nase und Wangen verraten Ihre Gefühle. Obwohl die Körpersprache für viele Interpretationen offen ist und einige Gesten von Land zu Land variieren, ist die Mimik weltweit gleich. Zum Beispiel lächelt jeder, wenn er glücklich ist, runzelt die Stirn, wenn er traurig ist, zieht die Augenbrauen hoch, wenn er überrascht ist, und reißt die Augen weit auf, wenn er Angst hat.

Gesichtsausdrücke sind in der Kommunikation von besonderer Bedeutung.[2]

Man kann nicht über Gesichtsausdrücke sprechen, ohne Dr. Paul Ekman zu erwähnen, einen Forscher auf dem Gebiet der Körpersprache und Mimik, dem der größte Teil der heute weltweit verfügbaren Informationen zu verdanken ist. Er entwickelte die Theorie, dass Gesichtsausdrücke universell sind, insbesondere diejenigen, die mit den grundlegenden menschlichen Emotionen Verachtung, Ekel, Wut, Traurigkeit, Freude, Überraschung und Angst zusammenhängen.

Dieses Kapitel befasst sich mit der Bedeutung von Gesichtsausdrücken in der Kommunikation und gibt Tipps zum Entschlüsseln verschiedener Hinweise.

Die Bedeutung der Mimik in der Kommunikation

Die Mimik hat einen großen Einfluss auf die Kommunikation und soziale Interaktionen. Wenn Ihnen jemand etwas verheimlicht oder Sie das Gefühl haben, dass die Worte nicht mit den Handlungen übereinstimmen, kann die Mimik die wahren Absichten verraten. Den meisten Menschen fällt es schwer, ihre Gefühle auszudrücken. Sie geben vor, glücklich zu sein, wenn sie traurig sind, oder tun so, als wäre alles in Ordnung, wenn sie etwas stört. Doch egal, wie sehr sie ihre Gefühle zurückhalten, ihr Gesicht wird sie immer verraten. Achten Sie genau auf die Mimik einer Person, anstatt nur auf ihre Worte zu hören, um herauszufinden, ob sie etwas verheimlicht.

Der Ausdruck von Emotionen

Menschen verwenden oft verschiedene Gesichtsausdrücke, um ihre Emotionen während sozialer Interaktionen auszudrücken. Wenn beide Parteien wissen, was die andere Person fühlt, schafft dies Vertrauen und die Möglichkeit einer echten Verbindung. Die Mimik kann viele Emotionen vermitteln, so dass Sie die wahren Gefühle Ihres Gegenübers erkennen können.

Wenn Sie Emotionen wie Freude, Traurigkeit oder Angst empfinden, werden diese unbewusst in Ihrem Gesicht ausgedrückt. Beispielsweise erhält jemand eine gute Nachricht und kann nicht aufhören zu lächeln, egal wie sehr er sich bemüht. Wenn Sie in das Gesicht dieser Person sehen, erkennen Sie sofort, dass sie glücklich ist. Wenn Sie auf die Mimik eines Menschen achten, können Sie seine Gefühle entschlüsseln.

Der Ausdruck von Bedürfnissen

Wenn die Bedürfnisse von Menschen nicht erfüllt werden, drücken sie ihre Enttäuschung durch negative Gesichtsausdrücke wie Schmerz oder Wut aus. Menschen drücken sich oft auf diese Weise aus, weil sie möchten, dass andere ihre Bedürfnisse erkennen und respektieren. Meistens zögern die Menschen aus Verlegenheit oder Stolz, um das zu bitten, was sie wollen, und greifen stattdessen auf Gesichtsausdrücke zurück. Wenn Sie die Gesichter der Menschen betrachten, verstehen Sie ihre Bedürfnisse, bevor sie überhaupt ein Wort sagen, und entwickeln so starke zwischenmenschliche Beziehungen.

Die Grundhaltung ausdrücken

Menschen drücken ihre Grundhaltung mit Hilfe von Gesichtsausdrücken aus. Es kann von Vorteil sein, die Grundhaltung anderer Menschen zu verstehen, besonders wenn sie bestimmte Gedanken für sich behalten. Ein Beispiel: Sie und Ihre Freunde führen eine intensive politische Diskussion. Alle äußern ihre Meinung, bis auf eine Person, die schweigt. Bei näherer Betrachtung bemerken Sie, dass diese Person einen missbilligenden Gesichtsausdruck hat. Sie geben Ihren anderen Freunden schnell ein Zeichen, das Thema zu wechseln, weil Sie bemerken, dass sich Ihr Freund bei diesem Gespräch unwohl fühlt.

Das Sammeln von Informationen

Der Sinn des Beobachtens von Gesichtsausdrücken besteht darin, Informationen über die Menschen um Sie herum zu sammeln und ihre Gefühle zu verstehen, damit Sie entsprechend mit ihnen interagieren können. Wenn Sie sich zum Beispiel mit einem Freund unterhalten und bemerken, dass er uninteressiert oder gelangweilt aussieht, wechseln Sie schnell das Thema.

Verschiedene Arten von Gesichtsausdrücken

Es gibt Mikro-, Makro-, künstliche, subtile und adaptive Gesichtsausdrücke. Um zu lernen, wie Sie Gesichtsausdrücke entschlüsseln können, müssen Sie die Bedeutung hinter jedem einzelnen Ausdruck verstehen.

Mikro- und Makro-Gesichtsausdrücke

Mikroausdrücke wurden von Dr. Paul Ekman entdeckt. Es handelt sich dabei um Gesichtsausdrücke, die nur eine halbe Sekunde dauern und die verraten, was eine Person wirklich fühlt. Es ist leicht, diese Ausdrücke zu übersehen, denn die Gestik, der Tonfall und die Worte einer Person können Sie von diesen subtilen Hinweisen ablenken. Die meisten Menschen achten nicht auf die Körpersprache, weil sie sich zu sehr auf andere Dinge konzentrieren, z.B. auf das, was gesagt wird, oder auf ihre Antwort.

Menschen mit ADHS sind für diese Signale empfindlicher als andere, da ihr Gehirn Informationen anders verarbeitet als das anderer Menschen. Daher fällen sie sofort Urteile und neigen zu wütenden Reaktionen. Sie können diese Signale jedoch unbewusst aufgreifen und bei sozialen Interaktionen schnell reagieren.

Mikroausdrücke werden in der Regel durch unbewusste Verdrängung, d.h. das Verhindern, dass negative Gedanken und Emotionen ins Bewusstsein gelangen, und bewusste Unterdrückung, d.h. das bewusste Vermeiden von schmerzhaften Erinnerungen oder Gedanken, hervorgerufen.

Mikroausdrücke treten auf, wenn jemand eine Emotion ausdrückt, die er eigentlich nicht preisgeben wollte. In manchen Fällen kann dies die Person überraschen, da sie sich nicht einmal bewusst ist, dass sie diese Gefühle überhaupt erlebt.

Ein Beispiel: Sie und Ihr Kollege stehen vor der gleichen Beförderung. Ihr Kollege sagt Ihnen, dass es ihm egal ist, ob er die Beförderung erhält oder nicht, und dass es keinen Wettbewerb gibt. Sie sind erleichtert, denn Sie betrachten ihn als Freund. Als der Tag der Beförderung gekommen ist, wählt Ihr Chef Sie aus. Alle Ihre Kollegen scheinen sich aufrichtig für Sie zu freuen, bis auf den, der gegen Sie antritt. Sie spüren, dass etwas mit ihm nicht stimmt, obwohl er lächelt wie alle anderen. Ihr Bauchgefühl ist richtig. Was Sie nicht bemerken, ist, dass die Person einen Mundwinkel hochgezogen hat, um Ihnen ihre Verachtung zu signalisieren. Es ist klar, dass er sich nicht für Sie freut und unbewusst seine wahren Gefühle zeigt. Ihr Kollege ist sich vielleicht nicht bewusst, dass er diese Gefühle hegt, aber sein Gesicht verrät es in weniger als einer Sekunde.

Makroausdrücke hingegen dauern länger, zwischen einer und vier Sekunden. Sie sind normale Signale und kommen häufiger vor. Im Gegensatz zu Mikroausdrücken können Sie diese leicht erkennen, da sie in der Regel mit der Körpersprache und dem Tonfall des Sprechers übereinstimmen, so dass es unmöglich ist, sie zu übersehen, wenn Sie aufmerksam sind.

Ein Beispiel: Sie essen mit Ihrem Bruder und seiner Freundin zu Abend. Alle unterhalten sich und haben Spaß, und plötzlich erzählt die Freundin eine lustige Geschichte über ihren Ex-Freund. Sie sehen Ihren Bruder an, der lächelt und amüsiert scheint, aber sein Kiefer ist angespannt und seine Nasenlöcher sind gebläht. Wenn er spricht, ist seine Stimme tiefer als sonst. Alle Anzeichen deuten darauf hin, dass er wütend ist. Sie fallen Ihnen auf, weil sie länger andauern als Mikroausdrücke und zu seinem Tonfall passen.

Makroausdrücke können ganz natürlich entstehen, wenn Sie Emotionen empfinden, wie ein aufrichtiges Lächeln, wenn Sie einen alten Freund sehen, oder ein Stirnrunzeln, wenn Sie traurig sind. Sie können diese Signale auch gezielt einsetzen, z.B. indem Sie ein Lächeln vortäuschen oder die Augenbrauen hochziehen und so tun, als wären Sie überrascht. Dieser Gesichtsausdruck wird als künstlicher Ausdruck bezeichnet.

Künstliche Gesichtsausdrücke

Wie der Name schon sagt, sind künstliche Gesichtsausdrücke keine echten, sondern falsche und maskierte Ausdrücke.

Vorgetäuschte Gesichtsausdrücke

Wenn jemand seine Emotionen nur vortäuscht und mit Absicht so tut, als würde er etwas empfinden, das nicht authentisch ist, dann ist das nicht immer Ausdruck schlechter Absichten. Sie hören zum Beispiel zufällig, dass Ihre Freunde eine Überraschungsparty für Sie planen. Sie tun so, als wüssten Sie nichts, um ihnen nicht den Spaß zu verderben. An Ihrem Geburtstag betreten Sie ein Restaurant und alle Ihre Freunde rufen Überraschung. Sie heben also die Augenbrauen, öffnen den Kiefer und ziehen die Augenlider hoch und tun so, als wären Sie überrascht.

Die meisten Menschen zeigen täglich falsche Ausdrücke, wie z.B. ein falsches Lächeln, wenn sie für ein Foto posieren oder wenn jemand einen unlustigen Witz macht. Das ist für soziale Interaktionen notwendig, denn manchmal müssen Sie bestimmte Emotionen vortäuschen, um die Gefühle anderer nicht zu verletzen, wie z.B. Begeisterung vortäuschen, wenn Ihnen jemand eine langweilige Geschichte erzählt oder höflich sein und ein Lächeln vortäuschen, wenn Sie jemanden sehen, den Sie nicht mögen.

Maskierte Gesichtsausdrücke

Maskierte Mimik bedeutet, dass Sie absichtlich Ihre wahren Gefühle verbergen und unechte Emotionen zeigen. Ein Beispiel: Sie haben jahrelang gespart, um ein teures Auto zu kaufen, können es sich aber immer noch nicht leisten. Eines Tages essen Sie mit einem Freund zu Abend und er erzählt Ihnen, dass er letzte Woche das gleiche Auto gekauft hat. Sie können nicht anders, als neidisch zu sein, also verbergen Sie Ihre Gefühle mit einem Lächeln und tun so, als ob Sie sich für den anderen freuen würden.

Subtile Gesichtsausdrücke

Subtile Ausdrücke treten nur bei einem Gesichtsmerkmal auf, z.B. bei den Lippen, der Nase, den Wangen, den Augen oder den Augenbrauen. Menschen greifen auf sie zurück, wenn sie eine starke Emotion verbergen wollen. Manche Emotionen sind jedoch so stark, dass sie sich nicht verbergen lassen. Deshalb zeigen sie sich in subtilen Ausdrücken, die die wahren Gefühle offenbaren.

Adaptive Gesichtsausdrücke

Adaptive Gesichtsausdrücke treten auf, wenn eine Person ihre körperlichen Bedürfnisse befriedigen möchte, z.B. ihre Brille zurechtrücken oder sich an der Nase kratzen. Diese Hinweise können eine psychologische Bedeutung haben. Wenn Sie zum Beispiel Ihr Ohr berühren, kann das bedeuten, dass Sie nervös sind. Diese Gesten sind oft unwillkürlich, aber die meisten Menschen versuchen, sie in der Öffentlichkeit zu kontrollieren, um nicht von anderen verurteilt zu werden. Meist deuten sie darauf hin, dass die Person sich feindselig oder ängstlich fühlt.

Der Kontext bei Gesichtsausdrücken

Fast alle Gesichtsausdrücke benötigen einen Kontext. Menschen drücken selten Emotionen aus, ohne dass eine andere Person oder ein Objekt sie dazu veranlasst. Sie sind zum Beispiel auf einer Hochzeit und bemerken, dass eine der Brautjungfern weinend und emotional ist. Dem Kontext nach zu urteilen, weint sie offensichtlich Freudentränen und freut sich, dass ihre Freundin heiratet. Findet diese Szene bei einer Beerdigung statt, wird die Interpretation anders ausfallen, da diese Person eindeutig aus Trauer weint.

Die gleichen Gesichtsausdrücke haben je nach Situation unterschiedliche Bedeutungen. Hochgezogene Augenbrauen können zum Beispiel Angst und Überraschung bedeuten, und Sie können sie nur anhand des Kontextes entschlüsseln.

Beispiel 1

Sie sind in einem Restaurant und sehen, wie ein Mann sich hinkniet, einen Ring aus seiner Tasche holt und seiner Freundin einen Heiratsantrag macht. Sie zieht die Augenbrauen hoch und hält sich die Hände vor den Mund. Offensichtlich ist sie überrascht und freut sich über den Antrag.

Beispiel 2

Sie sehen sich mit Freunden einen Gruselfilm an und ein Freund, der dieses Genre nicht mag, zieht während des gesamten Films die Augenbrauen hoch. In diesem Zusammenhang bedeutet dies, dass er Angst hat.

Wie man Gesichtsausdrücke entschlüsselt

Die meisten Menschen assoziieren Lippen mit Lächeln und Freude und Augen mit Lügen und Traurigkeit. Jedes Gesichtsmerkmal spiegelt jedoch verschiedene Emotionen wider, die Sie kennen sollten, damit Sie Gesichtsausdrücke leicht entschlüsseln können.

Augen

Die Augen sind die Fenster zur Seele. Das stimmt, vor allem im Zusammenhang mit der Körpersprache, denn sie verraten die echten Emotionen einer Person. Denken Sie daran, dass die Augen nicht lügen.

Häufige Botschaften über die Augen:

- Intensives Starren kann bedeuten, dass eine Person entweder wütend oder aufmerksam ist.

- Wegschauen oder Abwenden des Blickkontakts sind Anzeichen für Ablenkung oder Unbehagen.

- Geweitete Augen zeigen Erregung oder Interesse.

- Zu wenig Blinzeln zeigt an, dass jemand versucht, seine Augen zu kontrollieren.

- Schnelles Blinzeln deutet auf Unbehagen und Verzweiflung hin.

Augenbrauen

Oft wird den Augenbrauen keine besondere Aufmerksamkeit geschenkt, aber sie sind nicht weniger bedeutsam als die Augen, wenn es darum geht, die wahren Gefühle einer Person zu verraten.

Häufige Botschaften über die Augenbrauen:

- Die nach oben gezogenen Innenwinkel der Augenbrauen spiegeln Traurigkeit wider
- Das Senken beider Augenbrauen drückt Angst, Traurigkeit oder Wut aus
- Gewölbte und hochgezogene Augenbrauen betonen Furcht oder Überraschung

Mund und Lippen

Neben Freude drücken Menschen auch andere Emotionen mit ihrem Mund aus. Der Mund ist ein hervorstechendes Merkmal, da er die wahren Gefühle verdecken kann, die in anderen Gesichtszügen zum Ausdruck kommen. Wenn Sie zum Beispiel wütend sind und intensiv starren, aber nicht wollen, dass andere dies bemerken, können Sie dies mit einem falschen Lächeln verbergen.

Die üblichen Bedeutungen für Mund und Lippen sind:

- Den Mund bedecken bedeutet, dass die Person ein Geheimnis verbirgt.
- Das Schürzen der Lippen zeigt Unmut.
- Das Beißen auf die Lippen drückt Angst aus.
- Nach unten gezogene Mundwinkel zeigen Traurigkeit.
- Hochgezogene Mundwinkel zeigen Freude.
- Das Hochziehen einer Seite des Mundes bedeutet Verachtung oder Hass.
- Ein offener Mund zeigt Angst an.
- Ein herunterfallender Kiefer vermittelt Überraschung.

Die Deutung verschiedener Emotionen

Da Sie nun die häufigsten Bedeutungen von Gesichtszügen kennen, können Sie lernen, verschiedene Emotionen zu deuten.

Freude

Ein Lächeln ist oft das erste Anzeichen dafür, dass jemand glücklich ist. Es ist jedoch auch der Gesichtsausdruck, der am leichtesten zu fälschen ist. Es gibt einen Unterschied zwischen einem unechten und einem echten Lächeln, dem sogenannten Duchenne-Lächeln. Das Duchenne-Lächeln ist nach dem französischen Neurologen Guillaume Duchenne benannt, der die Mimik untersucht hat, um die Anzeichen für ein echtes Lächeln zu erkennen. Ein echtes oder Duchenne-Lächeln ist authentisch und spiegelt echte Freude und Vergnügen wider. Es entsteht in der Regel durch das Anspannen der Wangenknochen- und Lippenmuskeln. Die Wangen heben sich, der Mund wird nach oben gezogen und die Augenhöhlen verziehen sich, wodurch Falten an der Seite der Augen entstehen, die sogenannten Krähenfüße. Dies geschieht in der Regel völlig unwillkürlich, ist aber das größte Zeichen für wahre Freude.

Ein Duchenne-Lächeln ist ansteckend und kann nicht gefälscht werden. Wenn Sie jemand aufrichtig anlächelt, können Sie in der Regel nicht anders, als zurückzulächeln und positive und warme Gefühle für die Person zu empfinden. Laut einer Studie der Western University in London kann das Gehirn von Menschen zwischen echtem und falschem Lächeln unterscheiden. Wenn Sie die Signale des Duchenne-Lächelns nicht bemerken, ist das Lächeln entweder höflich oder nicht echt.

Gesichtsausdrücke, die Freude vermitteln, sind:

- Anspannung oder Falten im unteren Teil der Augenlider.

- Eine Falte, die an der Nase beginnt und bis zur Lippe reicht.

- Manchmal ist der Mund geöffnet, und die Zähne sind sichtbar.

Traurigkeit

Es ist möglich, Traurigkeit vorzutäuschen, und es ist nicht einfach, dies zu erkennen. Im Gegensatz zur Freude gibt es bei der Traurigkeit keine so eindeutigen Anzeichen wie beim Lächeln. Manche Menschen ziehen es vor, diese Emotion aus verschiedenen Gründen zu verbergen, z.B. weil sie glauben, dass sie dadurch schwach wirken, oder weil sie andere nicht in Verlegenheit bringen wollen. Daher ist es schwer zu erkennen, wenn jemand traurig ist. Der traurige Gesichtsausdruck hält in der Regel länger an, weil es sich um eine starke Emotion handelt, die nicht so leicht vergeht. Manche Menschen machen einen traurigen Gesichtsausdruck, wenn eine andere Person wütend ist, um sie zu beruhigen und die Situation zu entschärfen.

Gesichtsausdrücke, die Traurigkeit ausdrücken, sind:

- Die Unterlippe ist zum Schmollen verzogen.

- Der Kiefer zieht nach oben.

- Die Lippenwinkel sind nach unten gezogen.

- Die Innenwinkel der Augenbrauen sind nach innen und oben gezogen.

Wut

Laut einer Studie, die in *Psychological Science* veröffentlicht wurde, ist eines der deutlichsten Anzeichen für Wut die gesenkten Augenbrauen. In der Studie wurde festgestellt, dass die Teilnehmer wütende Menschen aufgrund ihrer gesenkten Augenbrauen und ihrer zusammengekniffenen Augen als nicht vertrauenswürdig einstuften. Ein Blick in die Augen verrät so viel über eine Person. Wenn Sie nicht in die Seele einer Person blicken können, ist es schwer, ihr zu vertrauen.

Die meisten Menschen verbergen ihre Wut und vermeiden es, ihre Emotionen zu zeigen, weil dies gegen die gesellschaftlichen Normen verstößt. Sie vermitteln ihre Emotionen, indem sie die Augenbrauen senken, was die Botschaft vermittelt, ohne eine Szene zu verursachen. Ein Beispiel: Ein Kind benimmt sich daneben und seine Mutter wird wütend, aber sie möchte ihre Stimme nicht in der Öffentlichkeit erheben. Stattdessen starrt sie ihn an und senkt die Augenbrauen, um ihre Wut zu signalisieren.

Diese Gesichtsausdrücke können Sie immer erkennen, denn es ist leicht zu erkennen, wenn jemand wütend ist. Wütende Menschen können gefährlich sein und Ihnen oder sich selbst schaden. Wenn Sie merken, dass jemand wütend ist, gehen Sie weg, bis er sich beruhigt hat.

Gesichtsausdrücke, die Wut ausdrücken, sind:

- Der Unterkiefer ragt heraus.

- Geblähte Nasenlöcher.

- Die Lippen sind fest aufeinandergepresst, wobei die Ecken nach unten zeigen, oder sie können eine Form annehmen, als ob die Person schreit.

- Ein intensives Starren.

- Anspannen der Unterlippe.

- Falten bilden sich zwischen den Augenbrauen.

- Die Augenbrauen sind gesenkt und zusammengezogen.

Angst

Der Gesichtsausdruck der Angst ist sehr hilfreich. Die Augen öffnen sich weit, um die periphere Sicht zu verbessern, damit Sie Ihre Umgebung besser wahrnehmen können. Der Mund öffnet sich weit, damit die Person mehr Sauerstoff einatmen kann, falls sie kämpfen oder weglaufen muss, und um sich darauf vorzubereiten, falls Sie um Hilfe schreien müssen. Wenn Sie erkennen, dass jemand Angst hat, empfinden Sie automatisch die gleiche Emotion und zeigen dies in Ihrem Gesicht, weil Sie eine gegenwärtige Gefahr spüren.

Gesichtsausdrücke, die Angst ausdrücken, sind:

- Der Mund ist weit geöffnet.

- Gestreckte und zurückgezogene oder angespannte Lippen.

- Der obere weiße Teil des Auges ist sichtbar.

- Das untere Augenlid ist hochgezogen und angespannt und das obere Augenlid ist angehoben.

- Falten in der Mitte der Stirn.

- Die Augenbrauen sind zusammengezogen und in einer flachen Linie angehoben.

Überraschung

Eines der häufigsten Zeichen von Überraschung ist der sogenannte Augenbrauenblitz, bei dem Sie Ihre Augenbraue in weniger als einer Sekunde senken und heben. Es vermittelt auch, dass sich die andere Person zu Ihnen hingezogen fühlt.

Gesichtsausdrücke, die Überraschung anzeigen, sind:

- Der Kiefer fällt auf, die Zähne sind geöffnet, aber nicht angespannt, und der Mund ist nicht verzogen.

- Die Augenlider sind weit geöffnet und zeigen das obere und untere Weiß der Augen.

- Auf der Stirn zeigen sich Falten.

- Die Haut unter den Augenbrauen ist gespannt.

- Geschwungene und hochgezogene Augenbrauen.

Ekel

Menschen blinzeln mit den Augen, wenn sie angewidert sind, um ihre Sehschärfe zu erhöhen und die Quelle der Empfindung zu finden.

Gesichtsausdrücke, die Ekel ausdrücken, sind:

- Hochgezogene Wangen.

- Gerümpfte Nase.

- Freilegen der oberen Zähne.

- Hochziehen der Oberlippen.

- Zusammenkneifen der Augen.

Hass und Verachtung

Hass und Verachtung spiegeln negative Gefühle wie Beleidigung, Respektlosigkeit und Abneigung wider. Verachtung ist eines der schlimmsten Gefühle, die ein Mensch empfinden kann, und führt oft zu Beziehungsproblemen. Im Gegensatz zu den anderen Gesichtsausdrücken wird dieser Ausdruck nur auf einer Seite des Gesichts gezeigt.

Gesichtsausdrücke, die Hass und Verachtung ausdrücken, sind:

- Anheben eines Mundwinkels

Ein trauriger Mensch runzelt nicht nur die Stirn, ein wütender Mensch schreit nicht nur, und ein glücklicher Mensch lächelt nicht nur. Menschliche Emotionen sind kompliziert, und die Menschen sagen nicht oft deutlich, was sie fühlen. Nichts strahlt mehr aus als das menschliche Gesicht. Die amerikanische Dichterin Sara Teasdale schrieb ein Gedicht mit dem Titel Gesichter. Sie sprach darüber, dass Menschen ihre Geheimnisse preisgeben, wenn man ihnen in die Augen sieht. Sie erwähnte, dass sie sich schuldig fühlt, wenn sie die Verkleidung der Menschen durch ihre Mimik durchdringt. Mit ihrem poetischen Genie schrieb Sara, dass die Menschen viele Geheimnisse tief in ihrem Inneren verbergen und sie oft preisgeben, ohne einen Laut von sich zu geben. Sie beendete das Gedicht, indem sie sich fragte, ob die Menschen auch so viel über sie wissen könnten, nur weil sie sie ansieht.

Wie Sarah in ihrem Gedicht verriet, ist die Fähigkeit, Gesichtsausdrücke zu lesen, eine mächtige Fähigkeit. Menschen können mit einem Blick um Hilfe bitten oder mit wenigen Ausdrücken ihre Trauer ausdrücken, ohne Worte zu benutzen. Menschen können sogar mit ihren Augen vor Schmerz schreien. Wie Sara können auch Sie die Verkleidungen der Menschen durchdringen, indem Sie ihre Mimik entschlüsseln.

Jedes Element des menschlichen Gesichts kann widerspiegeln, wie sich eine Person fühlt. Achten Sie bei sozialen Interaktionen auf die Gesichter der Menschen. Achten Sie auf das Blinzeln, die Augen, die Lippen, die Nasenlöcher, die Wangen und die Zähne, denn sie können Ihnen verraten, wie sich die Person wirklich fühlt. Da viele Menschen den Blickkontakt aufrechterhalten, konzentrieren sie sich normalerweise nicht auf andere Teile des Gesichts. Sie können jedoch immer einen kurzen Blick riskieren, um die anderen Gesichtszüge zu beobachten. Am Anfang wird es Ihnen nicht leichtfallen, aber wenn Sie ständig trainieren, wird Ihnen das Entschlüsseln dieser Signale leichtfallen.

Ignorieren Sie niemals den Kontext. Bevor Sie die Gesichtsausdrücke entschlüsseln, sollten Sie sich einen Moment Zeit nehmen, um den Kontext zu berücksichtigen. Handelt es sich um einen freudigen oder einen traurigen Anlass? Welche Faktoren tragen zu diesen Gefühlen bei? Sorgen Sie für den richtigen Rahmen, damit Sie die Gesichtsausdrücke Ihres Gesprächspartners richtig lesen können.

Gesichtsausdrücke sind für die Kommunikation unerlässlich. Ohne sie fühlt es sich an, als würden Sie mit anderen im Dunkeln kommunizieren. Diese Hinweise geben Ihnen eine Vorstellung davon, wie sich die Person fühlt, selbst wenn sie ihre Emotionen nur vorspielt oder ein Lächeln vortäuscht. Wenn Sie lernen, diese Signale zu entschlüsseln, werden Sie entsprechend reagieren können.

Kapitel 3: Analyse von Gesten und Körperhaltungen

Nonverbale Zeichen, einschließlich Gesten und Körperhaltungen in der Kommunikation, helfen dabei, versteckte Botschaften zu interpretieren. Diese Zeichen können eine Menge an Informationen, Gefühlen und Absichten vermitteln.

In diesem Kapitel lernen Sie den Wert und die Methoden zum Verständnis dieser Gesten und Körperhaltungen kennen.

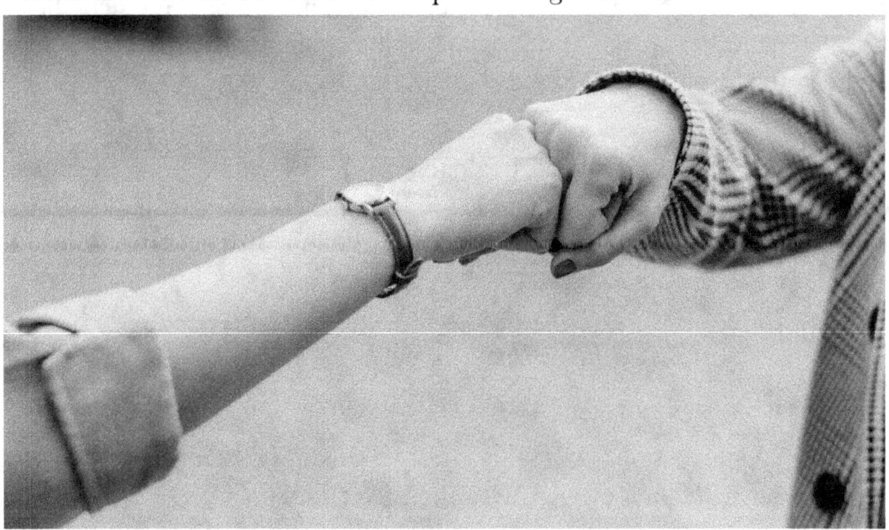

Gesten können verschiedene Bedeutungen haben.[3]

Arten von Gesten

Jede Geste hat einen einzigartigen Zweck und hilft dabei, Gedanken und Emotionen effektiv zu kommunizieren.

1. Gebärden

Gebärden sind die am weitesten verbreiteten Gesten, da sie einzigartig sind und eine besondere Bedeutung haben. Diese Gesten können gesprochene Worte ersetzen, ohne ihre Bedeutung zu verändern.

Beispiele für Gebärden sind:

- Daumen hoch: Ein Zeichen der Zustimmung oder des Einverständnisses.

- OK-Zeichen: Ein Zeichen dafür, dass alles in Ordnung oder zufriedenstellend ist.

- Friedenszeichen: Ein Symbol für Frieden und guten Willen.

- V-Zeichen: Ein Sieges- oder Friedenszeichen in einigen Kulturen.

Gebärden werden häufig verwendet, um eine Botschaft zu vermitteln oder einen Punkt hervorzuheben, an dem eine verbale Kommunikation unmöglich ist. Ein und dasselbe Gebärde kann in verschiedenen Kulturen unterschiedliche Bedeutungen haben, so dass Sie sich dieser Unterschiede bewusst sein müssen. Das OK-Zeichen zum Beispiel wird in einigen Kulturen als respektlos angesehen.

2. Illustratoren

Gesten, die die Sprache begleiten und ihre Bedeutung vertiefen, werden Illustratoren genannt. Diese Gesten verleihen der Kommunikation Tiefe und Fülle und helfen, Ideen und Gefühle effektiver zu vermitteln.

Beispiele für illustrierende Gesten sind:

- Zeigen: Um die Aufmerksamkeit zu lenken oder etwas hervorzuheben.

- Gesten während des Sprechens: Helfen Begeisterung, Dringlichkeit oder Aufregung zu vermitteln.

- Gesichtsausdrücke: Zeigt Emotionen wie Freude, Traurigkeit oder Wut.

Illustratoren können Ideen unterstreichen, Konzepte definieren oder den Inhalt ergänzen. Sie können zum Beispiel mit Ihren Händen die Größe eines Objekts darstellen.

3. Regulatoren

Regulatoren sind Bewegungssignale, die den Verlauf einer Diskussion steuern. Diese Gesten zeigen an, wann Sie das Wort ergreifen sollten, wann eine andere Person sprechen sollte oder wann ein Gespräch beendet werden sollte.

Beispiele für Regulatoren sind:

- Kopfnicken: Kann Zustimmung oder Interesse signalisieren.

- Blickkontakt: Zeigt Engagement und Aufmerksamkeit.

- Verbale Hinweise wie Aha: Zeigen aktives Zuhören an.

Regulatoren sind in Gesprächen von entscheidender Bedeutung, da sie die Sprecher harmonisieren und Missverständnisse vermeiden. Sie können zum Beispiel nicken, um zu zeigen, dass Sie zuhören, und dem Sprecher gleichzeitig signalisieren, dass er seinen Gedanken zu Ende führen soll.

4. Adaptoren

Adaptoren sind Gesten zur Linderung von Körperempfindungen. Diese Handlungen können eingesetzt werden, um Unbehagen, Stress oder Ängste zu lindern.

Beispiele für Adaptoren sind:

- Berühren des Gesichts oder der Haare: Zeigt Nervosität oder Angst an.

- Herumzappeln oder Klopfen: Zeigt Unruhe oder Langeweile an.

- Verschränken der Arme: Weist auf Abwehrhaltung oder Unbehagen hin.

Adaptoren können bewusst oder unbewusst den emotionalen Zustand oder das Wohlbefinden einer Person anzeigen.

5. Proxemische Gesten

Nonverbale Zeichen, die als proxemische Gesten bezeichnet werden, beziehen sich auf die physische Trennung von Personen während eines Gesprächs. Diese Handlungen bestehen aus Folgendem:

- Körperhaltung
- Blickkontakt
- Persönlicher Abstand

Diese Gesten haben je nach kulturellen Konventionen und persönlichen Vorlieben unterschiedliche Bedeutungen.

Proxemische Gesten sind in der menschlichen Kommunikation weit verbreitet, da sie Machtdynamik vermitteln und beim Aufbau von Beziehungen helfen. Wenn Sie sich beispielsweise jemandem zu sehr nähern, kann dies als Feindseligkeit oder als Bedrohung des persönlichen Raums interpretiert werden, während das Aufrechterhalten des Blickkontakts als Selbstvertrauen und Durchsetzungsvermögen interpretiert werden kann.

6. Gestikulieren

Das Gestikulieren (nonverbale Hand-/Armgesten) begleitet oft die Sprache und hilft, Punkte zu betonen oder Ideen auszudrücken. Kulturspezifische Gestiken haben in verschiedenen Kontexten oft unterschiedliche Bedeutungen.

Die Gestik ist für die menschliche Kommunikation von entscheidender Bedeutung, da sie die Art und Weise, wie Botschaften übermittelt werden, verbessert. Ein Beispiel: Das Heben der Hand bedeutet eine Begrüßung, während das Zeigen eines Fingers einen Vorwurf oder eine Anschuldigung bedeuten kann.

7. Ausdruck von Affekten

Körpersprache, Gesichtsausdruck und stimmliche Signale, die als Affektdarstellungen bezeichnet werden, verraten oft nonverbale Emotionen, die ungeplante Reaktionen auf ein Gefühl sind. Diese Signale treten häufig in der Kommunikation auf und helfen uns zu verstehen, wie andere über einen Umstand oder eine Sache denken. Wenn zum Beispiel jemand während eines Gesprächs lächelt, deutet dies darauf hin, dass er zufrieden oder glücklich mit dem Gespräch ist. Ein Stirnrunzeln deutet dagegen auf Depression oder Ärger hin.

Die Bedeutung des Kontexts bei der Interpretation von Gesten und Körperhaltungen

Der Kontext bezieht sich auf die Umstände, die Umgebung und die Hintergrundinformationen, die eine bestimmte Situation begleiten. Dies kann der Schlüssel zum Verständnis sein, warum jemand eine bestimmte Geste oder Körperhaltung verwendet.

Im Folgenden finden Sie einige Gründe, warum der Kontext bei der Interpretation von Gesten und Körperhaltungen berücksichtigt werden sollte:

1. Kulturelle Unterschiede

Verschiedene Kulturen haben unterschiedliche Bedeutungen für Zeichen und Körpersprache. Wenn man im Westen den Daumen in die Luft streckt, bedeutet das, dass man jemanden unterstützt und motiviert. In einigen Ländern des Nahen Ostens gilt dies jedoch als respektlos. Auch wenn Sie jemandem direkt in die Augen schauen, kann dies je nach Land als unfreundlich oder aggressiv angesehen werden. Sie müssen also die Kultur verstehen, um die versteckten Botschaften hinter der nonverbalen Kommunikation zu erkennen.

2. Persönliche Geschichte und Erfahrungen

Jeder Mensch hat eine ganz eigene Art, sich zu bewegen und zu verhalten, die auf persönlichen Begebenheiten und Erfahrungen beruht. Wenn eine Person beispielsweise in guter Absicht die Hand hebt, könnte dies jemanden alarmieren oder zum Rückzug veranlassen, wenn er oder sie ein körperliches Trauma erlebt hat. Ein umfassendes Verständnis der Vergangenheit der Person kann Missverständnissen vorbeugen und die Kommunikation verbessern.

3. Beziehungsdynamik

Die Beziehung zwischen Sprecher und Zuhörer beeinflusst, wie gut Menschen nonverbale Botschaften interpretieren. So kann beispielsweise eine amüsante und freundliche Geste unter Freunden als feindselig und bedrohlich unter Fremden wahrgenommen werden. Um Gesten und Körperhaltungen richtig zu deuten, müssen Sie daher die Beziehungsdynamik zwischen den Parteien verstehen.

4. Kontextuelle Anhaltspunkte

Wenn Sie eine Situation betrachten, können Sie feststellen, was jemand mit seinen Gesten und seiner Körperhaltung meint. Wenn zum Beispiel jemand während eines Vortrags mit verschränkten Armen und gesenktem Kopf dasitzt, könnten Sie denken, er sei uninteressiert. Während einer Therapie könnten Sie ihn jedoch als nachdenklich wahrnehmen. Das Verständnis des Kontextes kann Ihnen also helfen zu verstehen, was nonverbale Botschaften bedeuten.

5. Emotionale Einstellung

Zu verstehen, was jemand sagt, ohne zu sprechen, macht seine Emotionen bedeutsam. Wenn jemand zum Beispiel aufgeregt ist, zeigt er dies durch seine Körpersprache - er ist aufgeregt und lebhaft. Wenn jemand dagegen ängstlich oder nervös ist, verhält er sich vielleicht anders als sonst.

Um die nonverbalen Botschaften genau lesen zu können, müssen Sie den emotionalen Zustand einer Person während der Interaktion beobachten. Ist sie glücklich, traurig, wütend oder etwas ganz anderes? Was könnte die Ursache für diese Gefühle sein? Wenn Sie all diese Faktoren berücksichtigen, können Sie besser verstehen, was die Person kommuniziert.

6. Die Dynamik der Macht

Wenn Sie herausfinden wollen, was die nonverbalen Botschaften einer Person mit der Dynamik der Macht zu tun haben, sollten Sie berücksichtigen, wie die Dynamik diese Botschaften beeinflussen kann.

Wenn zum Beispiel jemand das Sagen hat, könnte er nonverbale Botschaften verwenden, um zu zeigen, dass er die Kontrolle hat. Jemand, der in der Hierarchie weiter unten steht, könnte dagegen nonverbale Botschaften verwenden, um Unterwerfung oder Respekt zu signalisieren. Sie müssen sich überlegen, wer die Macht hat und wie er sie einsetzt, um allem einen Sinn zu geben.

Versucht er, sich durchzusetzen, Respekt zu zeigen oder zu signalisieren, dass er die Macht abgibt? Je besser Sie diese Nuancen berücksichtigen, desto besser werden Sie verstehen, was passiert.

Körperhaltung

Ihre Körperhaltung bezieht sich darauf, wie Ihr Körper im Raum positioniert ist. Achten Sie darauf, wie Ihr Kopf, Ihr Nacken, Ihre

Wirbelsäule und Ihre Gliedmaßen positioniert sind, und wie Ihr Gewicht zwischen Ihren Füßen verteilt ist. Eine gute Körperhaltung ist entscheidend dafür, dass Sie im Gleichgewicht bleiben und Ihre Muskeln und Knochen richtig funktionieren.

Die Bedeutung der Körperhaltung für die Körpersprache

Ihre Haltung sagt viel über Sie aus und bestimmt, wie Sie von anderen wahrgenommen werden. Egal, ob Sie aufrecht stehen und die Schultern zurücknehmen oder mit verschränkten Armen dastehen - Ihre Körperhaltung vermittelt alles, von Selbstsicherheit bis hin zu Unbehagen.

Die Körperhaltung ist so wichtig, dass sie über Ihre Fähigkeit, Kontakte zu knüpfen und effektiv zu kommunizieren, entscheiden kann. Es lohnt sich also, darüber nachzudenken, wie Sie stehen, sitzen oder gehen und wie Sie Ihren Körper einsetzen, um die richtige Botschaft zu vermitteln.

- **Die Körperhaltung spiegelt Stimmung und Emotionen wider**

Ihre Körperhaltung kann viel darüber verraten, was Sie innerlich fühlen. Wenn Sie die Schultern hängen lassen oder sich nach vorne beugen, kann dies ein Zeichen für Traurigkeit, geringes Selbstwertgefühl oder Nervosität sein. Wenn Sie dagegen aufrecht mit offenen Schultern und Brustkorb dastehen, zeigt das Stolz, Selbstvertrauen und Durchsetzungsvermögen.

- **Körperhaltung beeinflusst die Wahrnehmung**

Ihre Körperhaltung kann die Art und Weise, wie andere Sie wahrnehmen, möglicherweise verändern. Eine Person, die eine gute Körperhaltung hat, wird eher als kompetent, zuverlässig und attraktiv wahrgenommen als jemand, der krumm steht oder sich zu weit nach vorne lehnt.

- **Körperhaltung beeinflusst das Verhalten**

Ihre Körperhaltung kann Ihr Verhalten und Ihre Grundhaltung beeinflussen. Richtiges Sitzen verbessert zum Beispiel die Stimmung, den Fokus und die Konzentration, während krummes Sitzen zu Negativität, Stress und Müdigkeit führen kann.

• **Körperhaltung spiegelt Kultur und soziale Normen wider**

Unterschiedliche Gesellschaften und Situationen haben unterschiedliche Ansichten über Körperhaltungen. In einigen Kulturen ist es respektvoll, sich zu neigen oder zu hocken. In anderen Kulturen kann die Art und Weise, wie jemand steht und seinen Blicken begegnet, auf Durchsetzungsvermögen und Selbstbewusstsein hindeuten.

Die Elemente einer guten Körperhaltung

Zu einer guten Körperhaltung gehören mehrere Elemente, darunter:

• **Ausrichtung**

Richten Sie Ihren Kopf, Ihren Nacken und Ihre Wirbelsäule gerade aus, wobei das Kinn eingezogen und die Schultern entspannt sein sollten.

• **Gleichgewicht**

Das Gewicht sollte gleichmäßig auf beide Füße verteilt sein.

• **Kernstabilität**

Ihre Rumpfmuskeln (Bauchmuskeln und unterer Rücken) sollten angespannt sein, um die Wirbelsäule zu stabilisieren und eine übermäßige Wölbung oder Rundung zu vermeiden.

• **Beweglichkeit**

Ihre Gelenke sollten sich frei und reibungslos ohne Steifheit oder Schmerzen bewegen lassen.

• **Atmung**

Ihre Atmung sollte tief und entspannt sein, wobei sich Ihr Zwerchfell und Ihr Brustkorb ganz natürlich ausdehnen und zusammenziehen.

Arten von Körperhaltungen

Im Folgenden finden Sie verschiedene Haltungen:

1. Offene Haltung

Wenn Sie aufrecht stehen, Ihre Arme und Beine nicht verschränken und eine entspannte und offene Körperhaltung einnehmen, spricht man von einer offenen Haltung. Diese Haltung lässt Sie selbstbewusster, offener und freundlicher auf andere wirken. Wenn Sie eine offene Körperhaltung zeigen, hält man Sie für leicht ansprechbar, vertrauenswürdig und gesprächsbereit.

Beispiele für eine offene Körperhaltung sind:

- Aufrechtes Stehen mit zurückgenommenen Schultern

- Die Arme nicht verschränkt halten

- Der Person mit einer offenen Haltung zugewandt sein

In sozialen Situationen signalisiert eine offene Haltung Interesse und Engagement, während sie im beruflichen Umfeld Vertrauen und Kompetenz vermittelt.

2. Geschlossene Körperhaltung

Wenn jemand mit gekreuzten Armen und Beinen dasteht, die Schultern hängen lässt und den Blickkontakt vermeidet, handelt es sich um eine geschlossene Haltung. Diese Haltung deutet in der Regel auf Abwehrhaltung, Unsicherheit oder Unbehagen hin. Diejenigen, die so stehen, wirken unfreundlich, distanziert oder sogar unzuverlässig.

Beispiele für eine geschlossene Haltung sind:

- Verschränkte Arme und Beine

- Gekrümmte Haltung

- Vermeiden von Blickkontakt

In sozialen Situationen signalisiert eine geschlossene Haltung Desinteresse oder Unbehagen, während sie im beruflichen Umfeld einen Mangel an Vertrauen oder Kompetenz vermittelt.

3. Neutrale Körperhaltung

Wenn jemand eine lockere Haltung einnimmt und mit entspannten Schultern aufrecht steht, vermittelt er eine kühle und ruhige Ausstrahlung. Es sieht vielleicht so aus, als ob die Person aufmerksam ist, aber sie verrät keine bestimmten Emotionen oder Motive; dies ist eine neutrale Körperhaltung.

Beispiele für eine neutrale Haltung sind:

- Aufrechtes Stehen

- Entspannen der Arme und Beine

- Hochhalten des Kopfes

Im gesellschaftlichen und beruflichen Umfeld kann eine neutrale Haltung ein ruhiges und selbstbewusstes Auftreten signalisieren und als beruhigend und vertrauenswürdig empfunden werden.

4. Gesenkte Kopfhaltung

Viele Menschen halten ihren Kopf aus Gewohnheit gesenkt, wenn sie lange sitzen, viel telefonieren oder nicht richtig sitzen. Dadurch neigen sie den Kopf nach unten und belasten ihre Nacken- und oberen Rückenmuskeln. Menschen mit dieser Haltung sind meist gestresst, angespannt und fühlen sich unwohl.

Eine gesenkte Kopfhaltung besteht bei:

- Gebeugtem Sitzen vor einem Computer
- Geneigtem Kopf beim Lesen auf einem mobilen Gerät
- Gemütlichem Sitzen auf einem Stuhl

Eine gesenkte Kopfhaltung kann ein Zeichen für mangelndes Selbstvertrauen im sozialen und beruflichen Umfeld sein.

5. Power-Haltung

Wenn jemand eine starke Körperhaltung einnimmt, wirkt er hart und kontrolliert. Diese Haltung lässt Sie größer erscheinen, als Sie wirklich sind. Sie vermittelt den Eindruck, dass die Person stark und selbstbewusst ist.

Einige Beispiele für eine Power-Haltung sind:

- Mit den Füßen breiter als hüftbreit stehen
- Stützen der Hände auf die Hüften
- Mehr Platz einnehmen als nötig
- Den Kopf hochhalten

Eine Power-Haltung ist nützlich, um sich zu behaupten oder sich Respekt zu verschaffen, kann aber auch einschüchternd oder aggressiv wirken. Sie müssen also lernen, sie sparsam und angemessen einzusetzen.

6. Unterwürfige Körperhaltung

Eine unterwürfige Haltung vermittelt Ehrerbietung und Unterwerfung. Menschen wirken kleiner und weniger bedrohlich, wenn sie eine unterwürfige Haltung einnehmen. Dies vermittelt eine Botschaft des Respekts oder der Demut.

Beispiele für unterwürfige Haltungen sind:

- Stehen mit eng zusammenstehenden Füßen
- Auf den Boden schauen

- Überkreuzen der Beine an den Knöcheln

Wenn Sie respektvoll sein, oder zeigen wollen, dass Sie die Autorität eines anderen anerkennen, könnte es klug sein, eine unterwürfige Haltung einzunehmen. Wenn Sie diese Haltung jedoch zum falschen Zeitpunkt oder auf falsche Weise einsetzen, könnte dies den Eindruck erwecken, dass es Ihnen an Selbstvertrauen oder Durchsetzungsvermögen fehlt.

Wie die Körperhaltung Emotionen und Absichten kommuniziert

Körperhaltungen sind sehr effektive Methoden der Kommunikation. Verschiedene Körperhaltungen drücken unterschiedliche Gefühle und Absichten aus und beeinflussen, wie andere Sie sehen und auf Sie reagieren.

Im Folgenden finden Sie Beispiele dafür, wie die Körperhaltung Gefühle und Absichten verrät:

- **Selbstsicherheit:** Eine offene Körperhaltung mit entspannten Armen und Beinen, eine aufrechte Haltung und ein direkter Blickkontakt vermitteln Selbstsicherheit und Selbstvertrauen

- **Verunsicherung:** Eine geschlossene Körperhaltung mit gekreuzten Armen und Beinen, einem gebeugten Rücken und fehlendem Blickkontakt vermittelt Unsicherheit und Unbehagen.

- **Zugänglichkeit:** Offene Körperhaltung mit entspannter Haltung und offenen Armen und Beinen vermittelt Aufgeschlossenheit und Freundlichkeit

- **Feindseligkeit:** Eine geschlossene Körperhaltung mit gekreuzten Armen und Beinen, eine angespannte Haltung und fehlender Blickkontakt vermitteln Feindseligkeit und Abwehrhaltung

- **Stress:** Eine gesenkte Kopfhaltung mit einem gebeugten Rücken und angespannten Schultern vermittelt Stress und Anspannung

Durch das Erkennen der verschiedenen Körperhaltungen und ihrer Signale können Menschen ihre Ziele und Gefühle im Sitzen, Stehen oder in der Bewegung effektiv ausdrücken. Dieses Wissen ermöglicht es Ihnen, nonverbale Botschaften besser zu lesen und Ihre Kommunikationsstrategie entsprechend anzupassen.

Beliebte Gesten und ihre Bedeutungen

Im Folgenden finden Sie einige der beliebtesten Gesten und ihre Bedeutung:

- **Daumen hoch**

Eine Daumen-hoch-Geste drückt Zustimmung oder Billigung aus. Sie kann bedeuten, dass etwas gut läuft oder alles in Ordnung ist.

- **Nicken**

Nicken ist eine unaufdringliche Art, Ihre Zustimmung oder Ihr Verständnis während eines Gesprächs zu zeigen. Es ist eine weit verbreitete Methode, um zu zeigen, dass Sie aufmerksam sind und sich aktiv an der Diskussion beteiligen. Ein schnelles Nicken drückt Ihre Zustimmung oder Bejahung aus. Ein langsames, bedächtiges Nicken deutet auf tiefe Gedanken oder Überlegungen hin. Mit dieser subtilen Geste können Sie sich effektiv auf andere einlassen, Ihre Aufmerksamkeit zeigen und Ihr Verständnis demonstrieren.

- **Händeschütteln**

Das Händeschütteln ist beim Kennenlernen oder Geschäftstreffen üblich, da es Respekt vermittelt und die Bereitschaft zur Zusammenarbeit oder zum Teamwork andeutet. Ein kräftiger Händedruck wird häufig als Zeichen von Sicherheit und Kompetenz interpretiert.

- **Verschränkte Arme**

Wenn Sie die Arme verschränken, kann dies je nach Situation unterschiedliche Bedeutungen haben. Es kann ein Zeichen dafür sein, dass man sich defensiv oder unwohl fühlt oder dass jemand seinen persönlichen Freiraum wahren möchte. Manchmal kann es auch bedeuten, dass man sich selbstbewusst oder verantwortlich fühlt. Um die Haltung vollständig zu verstehen, müssen Sie andere Elemente wie das Gesicht und die Körperhaltung beobachten.

- **Augenrollen**

Das Augenrollen ist ein Zeichen von Frustration oder Unmut und wird häufig verwendet, um Verachtung oder Misstrauen auszudrücken. Setzen Sie diese Geste mit Bedacht und in angemessener Weise ein, da sie als herablassend oder abweisend interpretiert werden kann.

• Das Neigen des Kopfes

Ein leichtes Neigen des Kopfes kann auf subtile Weise verschiedene Emotionen ausdrücken, darunter Interesse, Neugierde oder Verwirrung. Häufig zeigt es Offenheit oder Verletzlichkeit an und wird beim Zuhören oder Beobachten eingesetzt.

• Fingergestik

Sie kennen doch den Fingerzeig, oder? Dabei strecken Sie Ihren Zeigefinger aus, um jemandem oder etwas zu zeigen. Aber seien Sie vorsichtig, bevor Sie es tun, denn es könnte als tadelnd oder aufdringlich angesehen werden. In anderen Situationen können Sie damit zeigen, dass Sie das Sagen haben oder andere anleiten.

• Schulterzucken

Bei einem Schulterzucken heben und senken Sie die Schultern. Es wird häufig verwendet, um Unsicherheit oder Unwissenheit auszudrücken. Eine andere Bedeutung des Schulterzuckens ist *Es ist mir egal* oder *Es ist nicht mein Problem*. Bei der Interpretation dieser Geste müssen Sie zusätzliche Anzeichen wie den Tonfall der Stimme und die Emotionen im Gesicht berücksichtigen.

• Handbewegungen

Sie können viele verschiedene Handbewegungen machen, z. B. winken, jemanden herbeirufen oder in die Luft schlagen. Diese Bewegungen helfen, Emotionen wie Freude, Verärgerung oder Aufregung zu zeigen. Sie helfen, die Aufmerksamkeit auf das Gesagte zu lenken oder einen bestimmten Punkt zu verdeutlichen.

• Gesichtsausdrücke

Eine der aufschlussreichsten nonverbalen Botschaften ist der Gesichtsausdruck einer Person. Ein Lächeln kann zum Beispiel Freude, Vergnügen oder Zustimmung ausdrücken.

• Berührung

Berührungen können eine wichtige nonverbale Botschaft sein. Ein Klopfen auf den Rücken kann Unterstützung oder Ermutigung signalisieren, während eine Umarmung Zuneigung oder Trost signalisiert. Berührungen können jedoch den persönlichen Raum verletzen, daher ist es wichtig, sie angemessen und mit Zustimmung einzusetzen.

Tipps zur korrekten Interpretation von Gesten und Körperhaltungen

1. Beobachten Sie die Körpersprache im Kontext

Bei der Interpretation von Gesten und Körperhaltungen ist es besonders wichtig, den Kontext zu beachten. Die Körpersprache vermittelt je nach Situation, Kultur und Person unterschiedliche Bedeutungen. Wenn Sie beispielsweise die Arme verschränken, ist das ein Zeichen von Abwehr oder Unbehagen, aber auch von Langeweile oder Kälte.

Um die Körpersprache richtig zu entschlüsseln, müssen Sie das Verhalten der Person in seinem Gesamtkontext untersuchen. Achten Sie auf den Dialog, die Umgebung und die Grundhaltung der Person. Achten Sie auf weitere nonverbale Hinweise, die die Geste oder Körperhaltung, die Sie interpretieren, bestätigen oder widerlegen. Eine Person ist vielleicht nicht defensiv, wenn sie grinst und die Arme verschränkt, sondern eher entspannt und selbstbewusst.

2. Achten Sie auf Kombinationen von Gesten und Körperhaltungen

Die Körpersprache ist eine Sammlung von Indikatoren, die eher gebündelt sind als eine einzelne Geste oder Körperhaltung. Um die Körpersprache richtig zu entschlüsseln, müssen Sie nach einer Kombination von Gesten und Körperhaltungen suchen, die für eine bestimmte Stimmung oder Grundhaltung stehen. Eine gestresste Person berührt vielleicht ihr Gesicht, vermeidet Blickkontakt und zappelt herum.

Sie können die Emotionen und Absichten einer Person genauer lesen, wenn Sie auf bestimmte Gestiken und Körperhaltungen achten. Ziehen Sie jedoch keine Schlüsse aus der Körpersprache einer Person. Berücksichtigen Sie immer die Situation und die Person selbst.

3. Achten Sie auf das Timing und die Dauer von Gesten und Körperhaltungen

Das Timing und die Dauer von Gesten und Körperhaltungen sind entscheidende Faktoren bei der Interpretation der Körpersprache. Während einige Körperhaltungen und Gesten kurz und ohne große Bedeutung sind, sind andere langwieriger und wichtiger. Ein höfliches Lächeln kann zum Beispiel schnell sein, ein glückliches oder verführerisches Lächeln ist dagegen länger.

Sie müssen genau auf das Timing und die Dauer von Gesten und Körperhaltungen achten, um die Körpersprache richtig zu entschlüsseln. Achten Sie darauf, wie sich das Verhalten im Laufe der Zeit verändert, und vergleichen Sie es mit der Umgebung und dem Kontext. Stellen Sie sich jemanden vor, der in einem Gespräch zunächst ängstlich ist, sich später aber entspannt. Vielleicht war er anfangs ängstlich, aber im weiteren Verlauf des Gesprächs ist er entspannter geworden.

4. Erkennen Sie kulturelle Unterschiede in Gesten und Körperhaltungen

Die Körpersprache ist kulturspezifisch, nicht universell. Unangemessene oder verwirrende Gesten und Körperhaltungen in einer Kultur können in einer anderen akzeptiert werden. Wenn Sie zum Beispiel Blickkontakt mit jemandem aufnehmen, ist das in manchen Kulturen ein Zeichen von Respekt und Aufrichtigkeit. In anderen Kulturen kann dies als unhöflich oder kämpferisch angesehen werden.

Um die Körpersprache effektiv lesen zu können, müssen Sie die kulturellen Unterschiede verstehen und von Annahmen oder Stereotypen absehen. Fragen Sie die Person höflich oder informieren Sie sich über ihre Kultur, um festzustellen, ob eine bestimmte Geste oder Haltung sie beleidigt.

5. Achten Sie auf Ihre Körpersprache

Das Bewusstsein für Ihre eigene Körpersprache ist ebenso wichtig wie die Interpretation der Körpersprache anderer. Ihre körperlichen Signale beeinflussen, wie andere Sie und das Gespräch wahrnehmen. Wenn Sie zum Beispiel die Arme verschränken, kann das eine Abwehrhaltung vermitteln, während Sie sich nach vorne lehnen, um Engagement und Aufmerksamkeit zu zeigen.

Achten Sie genau auf Ihre Gesten und Ihre Körperhaltung, um effektiver zu kommunizieren und die Körpersprache richtig zu lesen. Achten Sie auf Ihre Körperhaltung, Ihren Gang und andere Bewegungen. Halten Sie Ihre Körpersprache offen und freundlich, indem Sie der Person zugewandt sind, Blickkontakt herstellen und nicken. Indem Sie positive Signale aussenden, können Sie die andere Person dazu bringen, dem Gesagten zu folgen und einen erfolgreicheren Dialog zu führen.

6. Üben Sie aktives Zuhören und Empathie

Für die Interpretation der Körpersprache ist es notwendig, Signale zu entschlüsseln und die Emotionen und Absichten der Person zu verstehen. Aktives Zuhören und Einfühlungsvermögen sind dafür notwendig, denn sie erfordern Aufmerksamkeit für die Bedürfnisse, Gefühle und Worte des anderen.

Konzentrieren Sie sich auf die Perspektive der Person und stellen Sie offene Fragen, um aktives Zuhören und Einfühlungsvermögen zu zeigen. Zeigen Sie echtes Interesse und Besorgnis und unterbrechen oder kritisieren Sie die Person nicht. Sie können zeigen, dass Sie verstehen, wie sich die Person fühlt, indem Sie nicken, grinsen oder ihre Handlungen nachahmen. Das macht ein Gespräch bedeutungsvoller und schafft Vertrauen und Verbundenheit.

7. Achten Sie auf Ihre Vorurteile und Annahmen

Um die Körpersprache richtig zu deuten, müssen Sie sich Ihrer Vorurteile und Annahmen bewusst sein. Es gibt unbewusste Vorurteile, die beeinflussen können, wie Sie die Körpersprache wahrnehmen und interpretieren. So könnten Sie beispielsweise zu dem Schluss kommen, dass jemand, der legere Kleidung trägt, weniger fähig ist oder dass jemand, der ruhig ist, unsicher ist.

Sie müssen darauf achten, wie Ihr Gehirn denkt, und aufkommende Vorurteile oder Annahmen hinterfragen. Wenn Sie die Körpersprache oder Körperhaltung einer Person untersuchen, fragen Sie sich, ob Ihre Interpretation auf Vernunft oder vorgefassten Meinungen beruht.

Die Bedeutung hinter der nonverbalen Kommunikation einer Person zu erkennen, ist der Schlüssel, um wirklich zu verstehen, was sie ausdrücken will. Indem Sie verschiedene Gesten und Grundhaltungen studieren, können Sie Ihre Fähigkeiten verbessern.

Denken Sie daran, dass diese Gesten und Haltungen nicht immer verlässliche Indikatoren sind, so dass Sie verbal kommunizieren müssen. Wenn Sie lernen, nonverbale Botschaften besser zu deuten, können Sie sich besser in andere hineinversetzen und stärkere Beziehungen aufbauen.

Kapitel 4: Lügende Augen: Lügen und Betrug erkennen

In einer Welt, in der Wettbewerb und Individualismus großgeschrieben werden, ist Täuschung ein Ausdruck, den viele Menschen an den Tag legen, mit oder ohne die ursprüngliche Absicht. Für einige ist die Verlockung so groß, dass sie dem Drang nicht widerstehen können. Andere haben keine Schuldgefühle und suchen den schnellsten und sichersten Weg, um etwas zu erreichen.

Die Augen können Ihnen helfen, Lügen zu erkennen.[4]

Es ist möglich zu täuschen, ohne erwischt zu werden, um Konfrontationen zu vermeiden. Aber wissen Sie auch, dass es mehrere Möglichkeiten gibt, Lügen zu erkennen und trügerisches Verhalten zu entlarven? Dieses Kapitel führt Sie durch die Welt der Täuschung, ihre Mechanismen, die Art und Weise, wie sie durchgeführt wird, wie Sie Lügen erkennen können und was Sie gegen Betrug tun können.

Die Psychologie hinter den Lügen

Ist das schon immer so gewesen?

Fest steht, dass Lügen an vielen Orten und in verschiedenen Situationen vorkommen, was sie fast unvermeidlich macht. Vielleicht haben Sie sich schon einmal gefragt, welche Psychologie eigentlich hinter Lügen steckt, welche vagen, ungerechtfertigten oder grausamen Gründe es dafür gibt und was durch Lügen erreicht wird.

Am Lügen sind zwei Personen beteiligt: der gerissene Täuscher und der leichtgläubige Getäuschte. Nach den Untersuchungen der Psychologin Bella DePaulo sind 30 Prozent der zwischenmenschlichen Interaktion in einer Woche der Lüge gewidmet.

Der Betrüger muss falsche Informationen übermitteln, beeindruckende falsche Details wie erfundene Beweise und Zeugen hinzufügen, um die Sache glaubhafter zu machen, und starke Emotionen einsetzen, um die Leichtgläubigkeit des Getäuschten zu erhöhen. Im Allgemeinen erzählen Männer mehr selbstbezogene Lügen, um die zweite Partei zu beeindrucken, als Lügen, die andere betreffen. Im Gegensatz dazu verwenden Frauen Lügen selbstlos, um die Gefühle anderer nicht zu verletzen. Die Getäuschten sitzen meist in der Vertrauensfalle. Sie glauben dem Täuschenden, dass er keinen Grund für die Lüge hat, erkennen vielleicht keine Anzeichen für eine Unwahrheit, oder manchmal ist die Lüge das, was sie hören wollen, also glauben sie sie einfach. Es kann auch ein Mangel an Interesse an einer Auseinandersetzung sein, da die Lüge sie in keiner Weise beeinträchtigt. Der Betrüger sorgt dafür, dass der Betrogene irrational überwältigt und kognitiv durch emotionale Darstellungen und Argumente überzeugt wird.

Gründe, warum Menschen andere belügen

Menschen lügen aus verschiedenen Gründen, unabhängig davon, ob es in diesem Moment notwendig ist oder nicht. Lügen können als ein Verteidigungsmechanismus betrachtet werden, der die Verletzlichkeit der Person, die sie erzählt, verdeckt. Sie ist das Tor zur Manipulation einer Situation, um die Kontrolle über sie zu erlangen. Lügen können auch konstruiert werden, um anderen zu nützen oder aus egoistischen Gründen. Meistens schadet es nicht, die Wahrheit zu sagen, aber viele Menschen lügen, weil sie Angst haben und kein Risiko eingehen wollen.

Im Folgenden finden Sie einige Gründe, die Menschen dazu veranlassen, eine Lüge zu erzählen oder einer Täuschung nachzugeben:

1. Um das Gesicht zu wahren

Vielleicht haben Sie das Gefühl, dass Sie sich nur durch eine Lüge aus einer Situation herauswinden können. Zum Beispiel in einer Situation, in der Sie unter Druck stehen und nicht offen sagen können, wie schlecht Sie abgeschnitten haben, obwohl man so viel von Ihnen erwartet hat. Sie würden zum Beispiel sagen: „Ich bin nur Zweiter geworden, weil die Person, die den Preis bekommen hat, ein Verwandter des Richters ist", um Ihr Gesicht zu wahren, obwohl Sie keine Ahnung von der familiären Beziehung haben.

Vielleicht möchten Sie nicht, dass andere etwas Peinliches erfahren, das Sie getan haben, und schieben es auf jemand anderen. Manche Menschen täuschen ihre Kollegen, um Lob zu erhalten, sich überlegen zu fühlen und ihren Status zu verbessern, um sich mehr Möglichkeiten zu eröffnen. Da die Kollegen des Täuschenden bereits wissen, was ihn motiviert, muss er über seine Eigenschaften lügen oder seine Leistungen übertreiben und ihnen sagen, was sie hören wollen, um das zu bekommen, was er von ihnen will. Auch wenn die Person weiß, dass sie nicht das ist, was sie vorgibt zu sein, fühlt sie sich besser, wenn sie sich selbst belügt.

2. Um andere zu beeindrucken

Jeder möchte gerne die Anerkennung und Akzeptanz der Menschen in seiner Umgebung haben. Manche fühlen sich eingeschüchtert, unterlegen und weniger wert, wenn sie nicht die Bestätigung ihrer Mitmenschen erhalten. Daher erzählen sie Lügen. Sie behaupten vielleicht, dass Sie talentierter oder erfolgreicher sind, als Sie es sind, oder Sie übertreiben Ihr Leben und geben vor, dass es interessanter ist, als man annehmen würde.

Sie untermauern Ihre Behauptungen mit vielen erfundenen Geschichten oder gehen sogar so weit, dass Sie andere in diese Lüge hineinziehen, ohne sich dessen bewusst zu sein. Ein Beispiel: Die meisten Ihrer Freunde haben ein Auto, und Sie wollen dazugehören, können sich aber keins leisten. Sie stellen Behauptungen auf wie: „Mein Liebster hat mir gerade ein Auto gekauft, aber seine Mutter sagte, es sei noch nicht an der Zeit, große Dinge zu verschenken." Aber in Wirklichkeit hat niemand gefragt oder sich dafür interessiert, ob Sie ein Auto besitzen, so dass diese Lüge unnötig ist.

Diese Lüge zieht weitere Lügen nach sich, um die Dinge ruhig zu halten und eine Enttarnung zu vermeiden. Wenn das einmal begonnen hat, gibt es kein Zurück mehr. Sie müssen mit allen Mitteln versuchen, die falsche Vorstellung aufrechtzuerhalten, die Sie anderen von sich selbst vermittelt haben.

Ein Beispiel: Eine Person verdient ein durchschnittliches Monatsgehalt, ohne Nebenjobs oder zusätzliches Einkommen, und behauptet, in einem extravaganten Haus zu leben. Ihre Kollegen halten sie bei jeder Gelegenheit für eine solche Person und haben Erwartungen an sie, etwa wenn es um eine große Spende geht. In diesen Fällen ist der Betrüger gezwungen, sich Geld zu leihen, um seinen gefälschten Standard aufrechtzuerhalten. Dadurch wird er zur Beute von Kredithaien und entwickelt medizinische Probleme wie Angstzustände, Hypertonie und hohen Blutdruck.

3. Um Menschen nicht zu verletzen

Manche Menschen lügen aus guten Absichten heraus. Diese Lügen werden Notlügen genannt. Das ist der Fall, wenn die Wahrheit eine Beziehung gefährdet oder sogar ein Lebensrisiko darstellt. Manche Lügen werden daher erzählt, um dies zu vermeiden. Frauen, insbesondere Mütter, erzählen diese Art von Lügen häufig, weil sie eine größere emotionale Bindung zu anderen haben, insbesondere zu ihren Kindern. Es ist eine harmlose Notlüge, die die Gefühle anderer in diesem Moment oder in der Zukunft nicht verletzt, solange sie nicht die Wahrheit erfahren.

Einige Beispiele: Sie erzählen Ihren Kindern, dass der Weihnachtsmann oder die Zahnfee gestorben ist, wenn es Ihnen finanziell schlecht geht. Sie werden eher traurig als wütend sein. Oder Sie lachen über einen Witz, der nicht lustig war, um die Gefühle Ihres Gegenübers nicht zu verletzen, oder Sie erfinden zahlreiche Geschichten, um ein Gespräch zu vermeiden. Im Allgemeinen liegt die Notlüge allein im Interesse des Betrogenen, um die Kränkung oder Unannehmlichkeit zu vermeiden, die entstehen könnte, wenn diese Lügen nicht erzählt werden.

Wenn jedoch später die Wahrheit ans Licht kommt, verschlimmert dies die Situation noch mehr, als wenn man anfangs die Wahrheit gesagt hätte.

4. Um Verantwortung zu vermeiden

Diese Lügen werden erzählt, um Verantwortung zu vermeiden, oder die Gefühle, das Selbstvertrauen, das Selbstwertgefühl oder andere Emotionen der Betroffenen zu schützen. Zum Beispiel kann jemand vorgeben, Wahnvorstellungen zu haben oder behaupten, er sei nicht bei Verstand gewesen und könne sich nicht daran erinnern, wann er in Missbrauch, dysfunktionales Verhalten oder Verrat verwickelt wurde. Sie bringen das Opfer dazu, an sich selbst und seinen Erinnerungen zu zweifeln, und spielen das Opfer für Dritte, damit sie die Konsequenzen nicht tragen müssen.

Manche Mitarbeiter melden sich krank oder erfinden zu Hause einen Notfall, um der Arbeit zu entgehen. Sie übertreiben die Wichtigkeit dessen, was auf ihrem Terminplan steht, oder behaupten, sie hätten viel zu tun, um sich vor der Pflicht zu drücken.

Manager können ihren Teamkollegen die Schuld für ein gescheitertes Projekt geben oder einen Mitarbeiter kritisieren, erpressen und reinlegen, um zu bekommen, was sie wollen. Sie stellen leichtgläubige und verzweifelte Menschen ein, die ihnen alles glauben, damit sie sich nicht über ihre Arbeitsbedingungen beschweren, während die Manager ihren Betrug fortsetzen, ohne dass sie auffliegen.

5. Für soziale Vorteile

Viele Menschen lügen über ihre Ansprüche und ihren Lebensstil, um sich einer bestimmten Clique oder einem Unternehmen anzupassen. Unter Teenagern ist das sehr verbreitet. Sie lügen zum Beispiel über den Status ihrer Eltern und lassen sich auf Handlungen ein, die sie normalerweise nicht tun würden, um ihr soziales Leben aufrechtzuerhalten. Manche haben ein geringes und zerbrechliches Selbstwertgefühl. Daher maskieren sie es mit falschem Selbstvertrauen und schikanieren die Schwachen oder jemanden, den sie für unter ihrem Niveau halten, um sich selbstbewusst zu fühlen. Andere lügen über ihren sozialen Einfluss, um Bedrohungen auszuschalten. Sie entwickeln eine Strategie und bauen ein falsches Leben der Wichtigkeit auf, damit niemand es wagt, sie herauszufordern, um nicht auf der falschen Seite der mächtigen Einflussnehmer zu stehen oder deren Gunst zu gewinnen, wenn sie über etwas lügen.

Sie tun zum Beispiel etwas Falsches und behaupten, dass es nicht ihre Schuld ist, dass die beleidigte Partei es verdient hat, dass sie es nicht absichtlich getan haben, dass es nicht so schlimm war, dass es keine große Sache ist, oder noch schlimmer, dass sie so tun können, als wäre es nicht passiert. Das Opfer muss alles hinnehmen, darf sich nicht auf den falschen Fuß setzen und ist sich nicht sicher, wie viel sozialen Einfluss es hat.

Einige dieser Lügen beginnen als bewusste Verleugnung, aber mit der Zeit werden sie so süchtig, dass sie sie als ihre Realität weiterleben und glauben, dass es ihnen gut gehen wird und sie sich keine Sorgen machen müssen, solange sie so weitermachen.

6. Um sich selbst zu schützen

Manchmal sind Sie der Meinung, dass es gut ist, Lügen zu erzählen, um sich selbst zu schützen, unabhängig davon, ob die Lügen aus absichtlichen Verfehlungen oder ehrlichen Fehlern resultieren. Bei diesen Lügen geht es meist um persönliche Dinge oder ernste Angelegenheiten.

Lügen sind wichtig, um sich in riskanten Situationen zu schützen, z.B. bei einer Bedrohung oder wenn Sie vermuten, dass Ihnen jemand schaden will. In ähnlicher Weise kann das Verschweigen von Informationen und das Verstecken von Gegenständen Ihnen helfen, schädliche Personen zu vermeiden.

Ein Jugendlicher könnte zum Beispiel lügen und einem Außenstehenden sagen, dass seine Eltern schlafen. Sie sollten zu einer anderen Zeit kommen, weil sie befürchten, dass etwas Schreckliches passiert, wenn der Fremde herausfindet, dass sie allein zu Hause sind.

Kinder lügen oft, um eine Bestrafung zu vermeiden oder um nicht in Schwierigkeiten zu geraten, was eine weitere typische Lüge ist. Sie haben die Lüge gelernt und können sie leicht künstlich erfinden, wenn sie etwas falsch gemacht haben oder etwas nicht getan haben, was ihnen aufgetragen wurde.

7. Um die Privatsphäre zu bewahren

Fast jeder möchte die ultimative Kontrolle über sein Leben haben, und ein Weg, diese Unabhängigkeit zu bewahren, ist die Täuschung. Sie lügen, wenn es um ihren Lebensstil geht und ziehen es vor, ihre Geheimnisse zu verbergen.

Diese Lügen werden erzählt, um ihre Privatsphäre zu schützen, wie z.B. ihre Karriere und Finanzen, weil sie sich schämen oder wegen ihrer Freunde und Verwandten. Meist ist es die Angst vor Eifersucht, Neid oder zukünftigem Versagen.

Durch Täuschung ist es möglich, zu kontrollieren und zu entscheiden, wer, wenn überhaupt jemand, Ihr verborgenes Leben entdecken kann.

Zu den Geheimnissen gehört auch das gezielte Verschweigen persönlicher Daten. Um diese Geheimnisse zu vertuschen, verheimlichen Sie Informationen vor einer bestimmten Person oder unter bestimmten Umständen, was als Lüge angesehen werden kann.

Zu den häufigsten Geheimnissen, bei denen Lügen zur Vertuschung verwendet werden, gehören eine körperliche oder emotionale Affäre, sexuelle Orientierungen, romantische Wünsche, peinliche Ereignisse, sexuelle Leidenschaften oder Fantasien und die Abhängigkeit von Drogen.

Einige private Angelegenheiten werden von anderen nicht als schlimm angesehen, wie z.B. Krankheiten, die Familiengeschichte, finanzielle Verhältnisse oder Schulden oder zukünftige Ziele oder Fitnessambitionen. Dennoch würden manche Menschen es vorziehen, darüber zu lügen.

Wie Sie Unwahrhaftigkeit erkennen können

Die Fähigkeit, eine Lüge von der Wahrheit zu unterscheiden, ist faszinierend. In diesem Fall können Sie ein Lächeln oder ein gerades Gesicht bewahren, weil Sie wissen, dass die Person eine Lüge erzählt, ohne dass sie es weiß. Lügen zeigen sich in verschiedenen Formen und können vollständige Täuschung, Unehrlichkeit, Übertreibung, Halbwahrheiten oder präzise Auslassungen sein. Es ist nicht so einfach, eine unehrliche Person ausfindig zu machen, aber es gibt Anzeichen, auf die Sie achten sollten.

Fällt Ihnen auf, dass der Blick der Person ständig hin und her geht? Schreit sie eher, als dass sie ruhig kommuniziert? Räuspert sie sich ständig, um ihre Sprache neu zu ordnen? In diesem Abschnitt erfahren Sie, welche Anzeichen für einen verbalen und nonverbalen Betrüger sprechen.

Verbale Indikatoren

Wenn eine Person spricht, kann die Art und Weise, wie sie sich anhört und wie sie die Geschichte weitergibt, leicht verraten, ob es sich um einen Lügner handelt. Sie sprechen in der Regel in allgemeinen Begriffen und reden um den heißen Brei herum, um Ihnen alle

Informationen zu geben, die Sie hören müssen. Im Folgenden finden Sie einige verbale Indikatoren, um Betrug zu erkennen:

1. Sprachliche Muster

Meistens vermischen unreife Lügner ihre Worte, kauen auf ihrer Zunge, lassen sich viel Zeit, bevor sie antworten, stottern und korrigieren fast jedes Wort, das sie sagen. Sie versuchen, das Thema zu wechseln und Fragen so umzustellen, dass ihre Antwort glaubwürdig klingt.

Sie stürzen sich auf die Antwort, ohne die Frage vollständig gehört zu haben, in der Annahme, dass Sie keine Fragen mehr stellen werden, wenn sie Ihnen alle Informationen geben. Am Ende geben sie oft mehr Informationen preis als beabsichtigt.

2. Wortwahl

Sie verwechseln ihre Worte, vor allem, wenn es sich um eine improvisierte Lüge handelt. Wenn sie sich auf die Lüge vorbereitet haben, können ihre übertriebenen Details sie verraten. Eine unehrliche Person wiederholt vielleicht Ihre Frage, bevor sie sie beantwortet, bittet Sie, Ihre Fragen neu zu formulieren oder zu wiederholen, und stellt sich dumm, indem sie sagt, dass sie mehr Informationen benötigt, bevor sie Ihnen eine Antwort geben kann. In der Regel verwenden sie Worte, die darauf hindeuten, dass sie selbst das Opfer sind, und sprechen mehr über sich selbst als über die Beantwortung der Frage.

Sie könnten Dinge sagen wie *so wie ich es sehe, um Ihnen die Wahrheit zu sagen* und Ihnen eine Frage stellen wie *Würde ich so etwas tun?*, um Sie zu überzeugen.

3. Stimmlage

Wenn jemand lügt, wird die Stimme zittrig, besonders unter großem Druck und Anspannung. Die Stimmlage ändert sich und derjenige versucht, mitleidig und hilflos zu klingen. Es könnte so klingen, als hätte die Person ihre Stimme verloren oder sei angespannt, so dass sie so tut, als hätte sie etwas gesagt, ohne dass Sie sie gehört haben. Außerdem seufzen sie viel. Sie klingen weniger widerlegbar und mächtiger, wenn sie in einer erzwungenen, einstudierten Weise sprechen, als wären sie beleidigt.

Nonverbale Botschaften

Manche Menschen lassen sich leicht bei ihren Lügen ertappen, während andere so vorsichtig sind, dass nur ihre Körpersprache sie verraten kann und subtile Hinweise auf Unehrlichkeit liefert. Wenn Sie nonverbale Botschaften lesen, müssen Sie sie als Erkenntnis und nicht als Beweis für eine Täuschung betrachten, denn manche Menschen tun dies aus Stress und nicht aus Täuschung. Beachten Sie die folgenden nonverbalen Botschaften, um Täuschung zu erkennen:

1. Gesichtsausdrücke

Dies ist eine der einfachsten Möglichkeiten, eine Lüge zu erkennen. Dinge wie übertriebenes Blinzeln, häufige willkürliche Blickführungen, wie z.B. der Blick von einer Seite zur anderen oder vom Gesprächspartner weg, und ein unsicherer Blickkontakt können Anzeichen für eine Täuschung sein. Einige unehrliche Menschen legen ihre Finger auf den Mund, um Lügen im Kopf vorzubereiten, oder halten sich den Mund zu, als ob die Lügen sonst herauskommen würden.

Manche machen einen völlig falschen Gesichtsausdruck, der nichts mit dem Gespräch zu tun hat.

2. Gesten

Normalerweise machen Menschen Handbewegungen, um einen Punkt zu verdeutlichen und die Kommunikation zu erleichtern. Wenn eine Person jedoch ihre Geste aufgrund von Stress ändert, könnte dies ein Zeichen für Täuschung sein. Einige Gesten können auf eine Täuschung hindeuten, z. B. das Öffnen der Hand, das Zupfen am Saum eines Kleides oder das Spielen mit einem Schmuckstück.

3. Körpersprache

Eine ehrliche Person lehnt sich näher an den Interviewer heran, wenn die Befragung ernster wird, um sie besser zu verstehen und ihre Fakten zu erklären.

Eine trügerische Person lehnt sich weg, ändert sporadisch ihre Position, was auf Unbehagen hindeutet, und nimmt einen völlig anderen Sitzstil an, wenn die Fragen zu hart werden. Manchmal verstummen sie, tun so, als könnten sie Sie nicht hören, und sind leicht ablenkbar, so dass Sie Ihre Fragen ständig wiederholen müssen, oder sie täuschen Tränen vor.

Die Wissenschaft der Mikroausdrücke

Mikroausdrücke treten für den Bruchteil einer Sekunde auf und egal wie sehr eine Person versucht, sie zu kontrollieren, dieses unwillkürliche

Austreten von Emotionen legt ihre wahren Gefühle offen. Die allgemein bekannten Mikroausdrücke sind Angst, Ekel, Freude, Verachtung, Traurigkeit, Überraschung und Ärger. Manchmal müssen Sie genau hinsehen, wie die Person ihre Emotionen ausdrückt, um die verborgenen zu lesen. Wenn zum Beispiel ein Lügner versucht, das, was er zu verbergen versucht, mit einem Lächeln zu überspielen, nehmen die Augen in der Regel nicht an dem Ausdruck teil. Dies ist ein Hinweis darauf, dass die Person unaufrichtig ist.

Ein anderes Beispiel ist eine Person, die versucht, ihre Situation bemitleidenswert aussehen zu lassen, aber ihre Lippen verziehen sich für den Bruchteil einer Sekunde zu einem Lächeln, was ein Ausrutscher in ihrer falschen Darstellung ist.

Außerdem reagieren sie in der Regel empfindlich auf die Temperatur. Wenn die Frage brisanter wird, geraten sie aus dem Gleichgewicht, und ihre Körpertemperatur steigt an. Sie versuchen zwar, kühl zu wirken, aber das hält nicht lange an. Sie schwitzen stark, fassen sich ständig an den Hals, bekommen Durst und zupfen oft an ihrem Kragen.

Diese Mikroausdrücke sind jedoch nicht immer zuverlässig, da sie maskiert, übertrieben, heruntergespielt oder neutralisiert werden können.

Lügen aufdecken

Wenn ein Verbrecher verhört wird, stellt der Ermittler sicher, dass der Verbrecher sich wohlfühlt, um die Kommunikation zu fördern, und dass die Sicht auf die Person nicht behindert wird. Der Ermittler stellt sicher, dass keine Möbel, nicht einmal ein Tisch, im Weg stehen, damit er die Körpersprache und die nonverbalen Anzeichen des Verdächtigen lesen kann.

Ein einziges Zeichen reicht für ein Urteil nicht aus. Die Strategie besteht also darin, alle Hinweise zu sammeln und den Beschuldigten durch taktvolle und geschickte Befragung (z.B. direkte Anschuldigungen statt Fragen und ein wenig Drohung) festzunageln.

Im Folgenden finden Sie einige Techniken, die von professionellen Kriminalisten, wie z.B. Strafverfolgungsbeamten und Vernehmungsbeamten, eingesetzt werden, um Lügen und Täuschungen aufzudecken:

1. Die Augen-Technik

Bestimmte Teile des Gehirns sind für bestimmte Informationen zuständig, und die Richtung, in die das Auge bewegt wird, dient dazu, die Informationen abzurufen, die auf dieser Seite gespeichert sind. Daher konzentrieren sich professionelle Kriminalisten auf die Augen der Testperson, selbst wenn diese versucht, den Blick zu vermeiden.

2. Die Grammatik-Technik

Strafverfolgungsbeamte bauen ihre Fragen so auf, dass sie nicht umformuliert werden können und bleiben dabei, auch wenn die Person versucht, sie zu ändern. Die unehrliche Person vermeidet die Verwendung von Personalpronomen, leugnet ihre Schuld und schiebt die Schuld von sich.

Die Ermittler achten auf überstrapazierte Wörter wie *unser Team* statt *ich* und die Umwandlung von Pronomen in einen unbestimmten Artikel, z. B. *ich habe das Haus geöffnet* statt *ich habe mein Haus geöffnet.*

3. Die Anschuldigungstechnik

Diese Technik zeigt dem Beschuldigten, dass er als Schuldiger identifiziert wurde. Ein Beispiel: Anstatt zu fragen: „Haben Sie die Brieftasche genommen?" Der Vernehmungsbeamte fragt: „Warum haben Sie die Brieftasche genommen?" Das gibt dem Lügner die Möglichkeit, künstlich zu erklären, warum er die Brieftasche genommen hat, was automatisch bedeutet, dass er sie genommen hat, anstatt es abzustreiten.

Wenn er sich dumm stellt, könnte er sagen: „Wovon reden Sie?" Sie können ihm genau die gleiche Frage noch einmal stellen, wahr oder falsch, und in dem Moment, in dem er anfängt zu erklären, könnte er in die Straftat verwickelt sein.

4. Die raffinierte Technik

Oft spielt der Betreffende gerne den Dummen und will den Interviewer austricksen. Sie könnte den Gesprächspartner fragen: „Warum wollen Sie das wissen?" und „Haben Sie nichts Besseres zu tun?" Ihre Antworten sollten „Ich möchte nur Antworten" bzw. „Nein" lauten. Sie müssen darauf nicht eingehen. Wenn Sie eine haben, schreiben Sie Details der Geschichte auf und vergleichen Sie sie mit der ursprünglichen Geschichte. Notieren Sie sich auch die Antworten und wiederholen Sie die Fragen, um zu sehen, ob sich die Antworten ändern.

Übungen zur Verbesserung Ihrer Fähigkeiten, Lügen zu erkennen

Im Folgenden finden Sie praktische Tipps, die Sie in realen Täuschungssituationen anwenden können:

- Sammeln Sie zunächst genügend Fakten.

- Bleiben Sie bei Ihrer Frage.

- Beschuldigen Sie direkt, als ob Sie übermäßig überzeugt wären.

- Behalten Sie die Kontrolle über das Gespräch.

- Üben Sie Mikroausdrücke und wie Sie sie erkennen können.

- Verlangen Sie Details.

- Üben Sie sich in peinlichem Schweigen, um Ihr Gegenüber einzuschüchtern.

- Üben Sie das Lesen von Körpersprachen.

- Achten Sie auf Sarkasmus und Humor, mit denen die Frage vermieden und Ihre Aufmerksamkeit abgelenkt werden soll.

Lügen gibt es in vielen Formen, von umfangreichen und hässlichen bis hin zu winzigen, scheinbar harmlosen, zarten Notlügen.

In diesem Kapitel finden Sie ausführliche praktische Beispiele und Tipps, wie Sie Lügen erkennen können.

Da ein Ermittler versucht, die Glaubwürdigkeit einer Person zu ermitteln, sollte er auch deren Geisteszustand berücksichtigen. Unehrliche Menschen, die psychisch krank, betrunken oder unter dem Einfluss psychoaktiver Substanzen stehen, liefern keine genauen Indizien. In Wirklichkeit ist es nie eine gute Idee, Menschen zu befragen, wenn sie unter dem Einfluss von Substanzen stehen.

Kapitel 5: Proximität verstehen

Das Konzept der Proxemik ist häufig verwirrend. Die Proxemik befasst sich mit der Frage, wie wir Menschen den Raum nutzen und wie wir ihn wahrnehmen und mit ihm kommunizieren. Das Verständnis der Proxemik ist wichtig, weil es sich darauf auswirkt, wie wir andere wahrnehmen, mit ihnen interagieren und effektiv kommunizieren. Dieses Kapitel befasst sich mit dem Konzept der Proxemik und seiner Bedeutung für unser tägliches Leben und untersucht die vier Ebenen der Proxemik, einschließlich der intimen, persönlichen, sozialen und öffentlichen. Außerdem wird die Rolle der Kultur bei der Gestaltung unseres Verständnisses und der Nutzung des Raums hervorgehoben. Am Ende dieses Kapitels werden Sie ein tieferes Verständnis und eine größere Wertschätzung für die Macht der Proxemik haben.

Das Maß der Nähe ist je nach Art der Beziehung unterschiedlich.[5]

Was ist Proxemik?

Die Proxemik ist ein Teilgebiet der nonverbalen Kommunikation, das sich mit der Frage befasst, wie Menschen in der zwischenmenschlichen Kommunikation den Raum wahrnehmen, nutzen und strukturieren. Es wird untersucht, wie Menschen physische Distanz, Körpersprache und andere nonverbale Botschaften nutzen, um Bedeutung zu vermitteln und Beziehungen aufzubauen. Dieses Konzept berücksichtigt den Raum zwischen Personen, die Nähe, in der Menschen stehen oder sitzen, und wie Menschen durch nonverbale Botschaften wie Blickkontakt, Körperhaltung und Gestik kommunizieren.

Der Anthropologe Edward T. Hall führte das Studium der Proxemik in den späten 1950er Jahren ein. Er prägte den Begriff Proxemik und definierte sie als Untersuchung der räumlichen Aspekte der nonverbalen Kommunikation. Er betrachtete sie als einen wesentlichen Teil des menschlichen Verhaltens, der bestimmt, wie wir mit anderen in verschiedenen Kontexten interagieren. Dazu gehört auch, wie Menschen den physischen Raum nutzen, um soziale Botschaften zu vermitteln, Machtdynamiken zu etablieren und Emotionen auszudrücken.

Halls Forschungen haben gezeigt, dass Menschen sehr sensibel auf den Raum reagieren und dass die räumliche Distanz wichtige Informationen über die Beziehungen zwischen Menschen vermitteln kann. In westlichen Kulturen signalisiert zum Beispiel Nähe oft Intimität, während in einigen östlichen Kulturen ein großer Abstand Respekt oder Ehrerbietung ausdrückt.

Hall hat vier Bereiche des persönlichen Umfelds identifiziert: intim, persönlich, sozial und öffentlich. Die intime Zone, von 0 bis 50 cm, ist für enge Beziehungen wie Eltern, Kinder und Liebespartner reserviert. Die persönliche Zone, von 50 cm bis 120 cm, wird für die Kommunikation mit Freunden und Bekannten verwendet. Die soziale Zone reicht von 120 cm bis 3 m und ist für formelle soziale Interaktionen gedacht. Die öffentliche Zone reicht über drei Meter hinaus und ist für öffentliche Reden und gesellschaftliche Veranstaltungen gedacht.

Die Proxemik nutzt auch die Körpersprache und andere nonverbale Botschaften, wie Blickkontakt, Tonfall, Mimik und Handgesten. Diese Signale vermitteln die Grundhaltung und die Absichten einer Person gegenüber anderen und können die wahrgenommene Beziehung zwischen zwei Personen beeinflussen. Steht man zum Beispiel zu nahe bei jemandem, kann das Aggression oder Intimität signalisieren, während man, wenn man zu weit weg steht, Desinteresse oder Unbehagen signalisieren kann.

Neben der zwischenmenschlichen Kommunikation findet die Proxemik auch in der Architektur, der Stadtplanung und dem Design Anwendung. Sie wird verwendet, um öffentliche Räume zu gestalten, die soziale Interaktion fördern, und in Gebäuden und Wohnungen, um ein Gefühl der Gemeinschaft zu schaffen.

Die Proxemik bietet wertvolle Erkenntnisse darüber, wie Menschen den Raum und nonverbale Botschaften nutzen, um zu kommunizieren und Beziehungen aufzubauen. Das Verständnis der Feinheiten der Proxemik kann zu einer effektiveren Kommunikation und besseren sozialen Interaktionen führen.

Die Bedeutung der Proxemik

Die Bedeutung der Proxemik ist immens und kann in Gesprächen nicht ignoriert werden. Proxemik hilft uns zu verstehen, wie eine Person zu kommunizieren beabsichtigt. Sie kann uns helfen, die Gefühle, Gedanken und Absichten der anderen Person anhand ihrer Körpersprache und ihres Abstands einzuschätzen.

Proxemik kann uns viel darüber verraten, wie wohl sich eine Person in einer bestimmten Situation fühlt. Wenn jemand einen größeren Abstand einhält oder weiter weg steht als gewöhnlich, könnte dies bedeuten, dass er sich in dem Gespräch unwohl oder bedroht fühlt. Steht jemand dagegen sehr nahe bei Ihnen oder berührt Sie, kann das bedeuten, dass er sich wohl fühlt und offen mit Ihnen spricht.

Proxemik kann die Machtdynamik in einem Gespräch beeinflussen. Wenn Sie zu nahe bei jemandem stehen, der Sie nicht als Intimpartner wahrnimmt, könnte er sich ängstlich und unwohl fühlen und Sie als Bedrohung ansehen. Stehen Sie dagegen zu weit weg, könnte dies Desinteresse, mangelndes Vertrauen oder Respektlosigkeit signalisieren. Daher ist es für eine positive und produktive Interaktion entscheidend, den richtigen Abstand während eines Gesprächs zu finden.

Auf der zwischenmenschlichen Ebene kann Proxemik dazu beitragen, positive Gefühle zwischen zwei Personen zu erzeugen und ihre Beziehung im Laufe der Zeit zu stärken. Wenn Menschen sich in der Gegenwart des anderen wohl fühlen, sei es durch körperliche Nähe oder nonverbale Botschaften wie Blickkontakt oder Mimik, sind sie offener und bereit, bedeutungsvolle Gespräche zu führen, was zu einem tieferen Verständnis zwischen ihnen beiden führt.

Die vier Ebenen der Proxemik

1. Persönlicher Raum

Der persönliche Raum ist ein grundlegender Aspekt der Proxemik, also der Untersuchung, wie Menschen den Raum zur Kommunikation nutzen. Dieser Bereich misst zwischen 50 cm und 120 cm und wird oft als Intimraum oder persönlicher Raum bezeichnet. Er ist für Freunde, Familie und enge Bekannte reserviert, in deren Nähe sich eine Person wohl fühlt. In dieser Zone haben Menschen gerne enge Personen um sich, interagieren mit ihnen und teilen sensible Informationen mit ihnen.

Normalerweise fühlen sich Menschen unwohl oder verletzt, wenn jemand ohne Erlaubnis in ihren persönlichen Bereich eindringt. Daher ist dieser Bereich stark reguliert und unterliegt kulturellen Unterschieden. Der benötigte persönliche Raum ist oft mit der kulturellen Erziehung, der Persönlichkeit und dem Geschlecht verbunden. Menschen aus Kulturen, die Individualismus schätzen, bevorzugen mehr persönlichen Raum als kollektivistische Kulturen.

Der Grad der Nähe im persönlichen Raum hängt stark von der Art der Beziehung zwischen den Personen ab. Personen, die eine enge Beziehung haben, fühlen sich beispielsweise wohler, wenn sie sich in einem engeren Bereich aufhalten, während Personen, die diese Beziehung nicht haben, mehr Raum benötigen. Soziale Interaktionen in der Zone des persönlichen Raums, wie Begrüßungen, Händeschütteln, Umarmungen und andere subtile Berührungen, werden als normale und freundliche Gesten angesehen.

Die Interpretation des persönlichen Raums ist je nach Kontext unterschiedlich. Zum Beispiel können Menschen die Distanz je nach den Umständen unterschiedlich wahrnehmen. Ein Redner, der die kulturelle Vielfalt seines Publikums versteht, wird seine Nähe an die Erwartungen des Publikums anpassen. Verschiedene Berufe handeln den persönlichen Raum unterschiedlich aus. Ein Mediziner muss beispielsweise näher kommen, um eine körperliche Untersuchung durchzuführen und dabei ein professionelles Auftreten zu wahren.

2. Öffentlicher Raum

Der öffentliche Raum ist die am weitesten entfernte Ebene der Proxemik und hat einen Abstand von mindestens 3 Metern zum Körper einer Person. Diese Zone wird typischerweise in professionellen Umgebungen verwendet, wenn eine Person vor einem großen Publikum spricht oder eine Gruppe von Menschen anspricht. Der Abstand schafft absichtlich Distanz und bietet Personen einen bequemen Raum, um sich zu bewegen und ihre Präsenz zu zeigen.

Persönlichkeiten des öffentlichen Lebens, wie Prominente und hochrangige Persönlichkeiten, sind dafür bekannt, dass sie aus Sicherheitsgründen und um ihre Macht zu demonstrieren, einen öffentlichen Raum aufrechterhalten. Dieser strategische Schachzug ermöglicht es ihnen, sichtbar zu bleiben und gleichzeitig einen sicheren Abstand zu ihren Fans und den Paparazzi zu wahren.

Einige Beispiele für den öffentlichen Raum sind politische Kundgebungen, Konferenzen und Seminare, bei denen der Redner eine Ansprache hält. Die Zuhörer sitzen in der Regel in einem angenehmen Abstand zum Redner, so dass sie die Botschaft des Redners hören können und niemand gestört oder belästigt wird.

Ein weiteres Beispiel für einen öffentlichen Raum sind überfüllte Bereiche wie Flughäfen oder Bahnhöfe. In diesen Situationen gehen die Menschen in der Regel aneinander vorbei und halten einen respektvollen Abstand, selbst wenn sie sich in unmittelbarer Nähe befinden.

Der öffentliche Raum ist zwar die am weitesten entfernte Ebene der Proxemik, aber kulturelle Normen und individuelle Vorlieben verändern den Raum des Einzelnen. Generell gilt jedoch, dass der öffentliche Raum dem Einzelnen physischen Abstand und Distanz bietet, so dass er sich präsent fühlen kann, ohne dass das Gefühl aufkommt, überwältigt oder überfüllt zu sein.

3. Sozialer Raum

Der soziale Raum erstreckt sich von 120 cm bis 3 m vom eigenen Körper entfernt und ist durch normale soziale Interaktionen zwischen entfernten Bekannten und Kollegen gekennzeichnet. Wenn sich jedoch jemand dem sozialen Raum einer Person nähert, werden Interaktionen notwendig.

Die Bedeutung des sozialen Raums lässt sich oft in verschiedenen Alltagssituationen beobachten. Zum Beispiel stehen Menschen in einem überfüllten Bus oder Zug ein paar Meter von anderen Fahrgästen entfernt, um ihren sozialen Raum zu wahren. Ähnlich verhält es sich, wenn Sie bei einem geselligen Beisammensein in einer Gruppe mit Menschen stehen, die Sie kennen, aber nicht innerhalb des persönlichen Raums der anderen. Dieser Raum ist entscheidend für die Wahrung der Privatsphäre und der persönlichen Handlungsfähigkeit und fördert gleichzeitig soziale Interaktionen und Verbindungen.

Darüber hinaus bestimmt der kulturelle Hintergrund maßgeblich die Wahrnehmung des sozialen Raums durch den Einzelnen. Beispiele: Menschen aus westlichen Kulturen fühlen sich in einem größeren sozialen Raum wohler und bevorzugen es, Abstand zwischen sich und anderen zu halten. Im Gegensatz dazu fühlen sich Menschen aus östlichen Kulturen in der Regel in einem kleineren sozialen Raum wohler, da enge persönliche Interaktionen häufiger vorkommen.

4. Intimes Umfeld

Das intime Umfeld ist ein wichtiger Aspekt der Proxemik, der Untersuchung der menschlichen Kommunikation und Interaktion durch den Raum. Er bezieht sich auf die Umgebung einer Person und die Interaktionen mit Menschen innerhalb dieses Raums. Dieser Bereich gilt als intim, da er nur bis zu einem Abstand von 50 cm oder weniger reicht.

Menschen reservieren dieses intime Umfeld normalerweise für ihre romantischen oder intimen Partner, ihre engsten Freunde und ihre Familie. Wenn andere Personen diese Zone betreten oder sich ihr nähern, kann dies zu Gefühlen wie Unbehagen, Nervosität, Unwohlsein oder Angst führen. Die Nähe einer Person im intimen Umfeld kann Emotionen und Gefühle stark beeinflussen.

Aufgrund seiner unmittelbaren Nähe ist das intime Umfeld nur denjenigen vorbehalten, die Ihnen emotional, körperlich oder geistig am nächsten stehen. Hier fühlen sich die Menschen am wohlsten und sichersten mit den geringsten sozialen und persönlichen Barrieren.

Ein Beispiel: Ein Paar in einer festen, romantischen Beziehung genießt es vielleicht, sich in seinem intimen Umfeld körperlich nahe zu sein, während es ein Gespräch führt oder einen gemeinsamen Moment genießt. Wenn hingegen ein Bekannter oder ein Fremder in das intime Umfeld einer Person eindringt, kann dies unangenehm sein und zu Unbehagen führen, da persönliche Grenzen verletzt werden.

Die Rolle der Kultur in der Proxemik

Die Rolle der Kultur in der Proxemik ist von großer Bedeutung, da in verschiedenen Kulturen unterschiedliche Normen für den persönlichen Raum und körperliche Berührungen gelten. Kultur sind die gemeinsamen Überzeugungen, Werte, Verhaltensweisen und Grundhaltungen, die eine Gruppe von Menschen ausmachen. Die Kultur ist in der Proxemik von entscheidender Bedeutung, da sie bestimmt, wie Menschen den Raum verstehen und nutzen. In verschiedenen Kulturen gibt es unterschiedliche Normen hinsichtlich des akzeptablen Abstands zwischen Menschen, wenn sie sich unterhalten oder Berührungen bei der Interaktion mit anderen einsetzen. Das Verständnis dieser kulturellen Normen ist für eine effektive Kommunikation von entscheidender Bedeutung, da ihre Nichtbeachtung zu Missverständnissen oder Kränkungen führen kann.

Lassen Sie uns einige Beispiele dafür untersuchen, wie kulturelle Normen in verschiedenen Regionen und Gesellschaften variieren können, um den kulturellen Einfluss auf die Proxemik besser zu verstehen.

In einigen Kulturen wird der persönliche Freiraum hoch geschätzt und die Menschen halten einen großen Abstand zwischen sich und anderen, wenn sie miteinander kommunizieren. In Japan zum Beispiel sind die Menschen dafür bekannt, dass sie einen größeren Abstand zwischen sich und anderen bevorzugen. In der traditionellen japanischen Kultur wird der Respekt vor dem persönlichen Raum sehr großgeschrieben, und zwischenmenschliche Berührungen werden in der Regel auf ein Minimum beschränkt. Außerdem verbeugen sich die Menschen bei der Begrüßung oft, anstatt sich die Hand zu geben, um eine größere Distanz zu wahren. Dieses Verhalten spiegelt die kulturelle Gewichtung des Respekts und der Achtung des persönlichen Raums anderer wider.

Im Gegensatz dazu legen andere Kulturen bei der Interaktion mit anderen mehr Wert auf körperliche Berührung. In lateinamerikanischen Gesellschaften zum Beispiel stehen die Menschen näher beieinander, wenn sie miteinander sprechen, und legen oft eine Hand auf die Schulter oder den Arm des anderen. In diesen Kulturen vermitteln Berührungen Wärme und Intimität und schaffen Beziehung und Vertrauen. Die Menschen begrüßen sich mit einer Umarmung oder einem Kuss auf die Wange, was in vielen anderen Kulturen als ungewöhnlich gelten würde.

Ein weiteres Beispiel für kulturelle Unterschiede in der Proxemik ist die Art und Weise, wie Menschen Blickkontakt zur Kommunikation nutzen. In einigen Kulturen zeugt direkter Blickkontakt von Ehrlichkeit und Respekt. In Nordamerika wird von den Menschen erwartet, dass sie einen ständigen Blickkontakt halten, wenn sie mit jemandem sprechen. Im Gegensatz dazu gilt in vielen asiatischen Kulturen direkter Blickkontakt als unhöflich oder konfrontativ. In diesen Kulturen wendet man als Zeichen des Respekts den Blick ab oder schaut nach unten, wenn man mit jemandem spricht.

Die kulturellen Normen in Bezug auf körperliche Berührungen sind sehr unterschiedlich. In einigen Kulturen werden Berührungen frei und häufig eingesetzt, in anderen gelten sie als unangemessen oder aufdringlich. In vielen Kulturen des Nahen Ostens beispielsweise gehen Männer und Frauen getrennt miteinander um, und körperliche Berührungen zwischen Angehörigen des anderen Geschlechts sind nicht erwünscht. Im Gegensatz dazu sind lateinamerikanische Gesellschaften für ihren warmen und liebevollen Umgang miteinander bekannt, bei dem sich Männer und Frauen in der Öffentlichkeit gerne umarmen und berühren.

Es ist wichtig zu erkennen, dass sich kulturelle Normen im Bereich der Proxemik im Laufe der Zeit ändern oder variieren. So unterscheiden sich zum Beispiel Berührungen und der persönliche Raum zwischen jüngeren und älteren Generationen oder zwischen städtischen und ländlichen Gebieten. Da die Kulturen immer stärker miteinander verflochten und globalisiert sind, ändern sich auch die Normen im Bereich der Proxemik, um neuen Praktiken und Interaktionen Rechnung zu tragen.

Die Kultur ist entscheidend dafür, wie Menschen den Raum nutzen, um miteinander zu kommunizieren. In verschiedenen Kulturen gibt es unterschiedliche Normen in Bezug auf den akzeptablen Abstand zwischen Menschen bei Gesprächen, die Verwendung von Berührungen bei der Interaktion und die Bedeutung von Blickkontakt. Das Verständnis dieser kulturellen Normen ist für eine effektive Kommunikation unerlässlich. Wenn Sie sie nicht erkennen, kann dies zu Missverständnissen oder zu Beleidigungen führen. Bei der Interaktion mit Menschen aus anderen Kulturen ist es daher wichtig, diese kulturellen Erwartungen zu kennen und das Verhalten entsprechend anzupassen, um stärkere Beziehungen aufzubauen und Kommunikationsbarrieren zu vermeiden.

Psychologische und emotionale Faktoren, die die Proxemik beeinflussen

1. Anziehungskraft

Anziehung bedeutet, dass man sich zu jemandem oder etwas hingezogen fühlt. Anziehungskraft ist entscheidend für die Distanz, die zwischen Individuen in ihren sozialen Interaktionen aufrechterhalten wird. Daher ist die Anziehungskraft ein zentraler Einflussfaktor für die Proxemik.

Der Grad der Anziehung zwischen zwei Personen erzeugt Hinweise auf den Grad der Intimität und des Komforts in ihrer Interaktion. Diese Hinweise regulieren die proxemischen Abstände zwischen ihnen. In einer romantischen Beziehung zum Beispiel bestimmt die Intensität der Anziehung den Grad der Nähe zwischen den Personen; ein höheres Maß an Anziehung führt zu einem geringeren Abstand und umgekehrt. Außerdem variiert der Abstand zwischen den Personen je nach der gemeinsamen Anziehungskraft. So fühlen sich beispielsweise Menschen, die eine familiäre Bindung haben, in der Regel wohl, wenn sie sich nahe sind, während Fremde in der Regel einen größeren Abstand zueinander halten.

Darüber hinaus kann die Anziehung die Proxemik je nach den kulturellen und sozialen Normen, die in einer Gemeinschaft vorherrschen, unterschiedlich beeinflussen. In westlichen Gesellschaften werden Anziehungskraft und Nähe oft mit Intimität und Sex in Verbindung gebracht. In östlichen Kulturen ist Nähe eher platonisch besetzt. Darüber hinaus können kulturelle Normen den Umgang mit Nähe regeln, die nicht immer mit dem Grad der Anziehung zwischen Personen übereinstimmen. In manchen Kulturen wird zum Beispiel in einem beruflichen Umfeld körperliche Distanz gefördert, auch wenn sich die Personen stark zueinander hingezogen fühlen.

Der Einfluss der Anziehungskraft auf die Proxemik zeigt sich darin, dass Menschen ihr körperliches Verhalten entsprechend ihrer Anziehungskraft zu einer Person ändern. Personen, die sich zueinander hingezogen fühlen, zeigen eine positive Körpersprache, wie Lächeln, Hinwenden und Blickkontakt. Personen, die jemanden nicht attraktiv finden, zeigen oft eine negative Körpersprache, wie verschränkte Arme,

Stirnrunzeln und Vermeidung von Blickkontakt. Dies wirkt sich auf die Proxemik aus, da die Verhaltensweisen der Personen den Grad ihrer gegenseitigen Anziehung vermitteln.

Ein weiteres Beispiel für den Einfluss der Anziehungskraft auf die Proxemik sind romantische Beziehungen. Wenn sich zwei Menschen zueinander hingezogen fühlen, zeigen sie Verhaltensweisen wie Umarmungen, Händchenhalten und andere körperliche Kontakte. Dies beeinflusst ihre Proxemik, da sie sich mit größerer Wahrscheinlichkeit in der Nähe des anderen aufhalten. Personen, die sich weniger stark zueinander hingezogen fühlen, halten dagegen einen größeren körperlichen Abstand ein.

Außerdem beeinflusst der Grad der Anziehung die Wahrnehmung des persönlichen Raums. Der persönliche Raum ist der Bereich um eine Person herum, den sie als ihr persönliches Territorium betrachtet. Die Interpretation des persönlichen Raums kann sehr subjektiv sein und wird von kulturellen und individuellen Faktoren beeinflusst. Die Anziehungskraft ist jedoch ein wesentlicher Faktor bei der Definition des persönlichen Raums. Personen, die sich zu einer Person hingezogen fühlen, akzeptieren diese möglicherweise eher in ihrem persönlichen Raum als Personen, zu denen sie sich weniger hingezogen fühlen.

2. Aggression

Aggression ist definiert als ein Verhalten, das darauf abzielt, einer anderen Person zu schaden. Aggressives Verhalten kann verschiedene Formen annehmen, von verbaler Aggression wie Beschimpfungen oder Anschreien bis hin zu körperlicher Aggression wie Schlagen oder Schubsen. Verschiedene Faktoren können Aggressionen auslösen, darunter Frustration, Angst oder eine wahrgenommene Bedrohung des physischen oder psychischen Wohlbefindens.

Aggression hat einen erheblichen Einfluss auf die Proxemik, indem sie das Bedürfnis nach persönlichem Raum beeinflusst. Der persönliche Raum ist der Bereich, der eine Person umgibt und als unser eigener betrachtet wird. Die Größe des persönlichen Raums hängt von vielen Faktoren ab, z.B. von der Kultur, dem Geschlecht und den individuellen Vorlieben. Untersuchungen haben jedoch gezeigt, dass Menschen, die sich bedroht fühlen oder unter Stress stehen, ihren persönlichen Raum vergrößern. Diese Veränderung des persönlichen Raums könnte ein Weg sein, die Person vor potenziellem Schaden oder Gefahr zu schützen.

Fühlt sich eine Person zum Beispiel bedroht, wie bei einer körperlichen Auseinandersetzung, vergrößert sie ihren persönlichen Raum, um sich zu verteidigen. Die Person könnte sich zurückziehen, die Hände heben oder Abstand zwischen sich und dem Angreifer schaffen. Diese Vergrößerung des persönlichen Raums ist eine Schutzmaßnahme, die der Person hilft, sich sicherer zu fühlen.

Eine weitere Möglichkeit, wie Aggression die Proxemik beeinflusst, ist die nonverbale Kommunikation. Aggressives Verhalten zeigt sich durch nonverbale Botschaften wie eine geballte Faust, verschränkte Arme oder einen feindseligen Gesichtsausdruck. Diese Anzeichen signalisieren anderen, dass die Person wütend, gestresst oder möglicherweise gewalttätig ist.

Ein Beispiel: Ein Mitarbeiter, der sich von einem Kollegen gestresst oder bedroht fühlt, könnte seinen persönlichen Freiraum vergrößern und nonverbale Botschaften wie verschränkte Arme oder einen angespannten Gesichtsausdruck zeigen, um sein Unbehagen zu signalisieren. Die andere Person könnte diese Anzeichen als Feindseligkeit oder Aggression interpretieren und die Situation weiter eskalieren lassen.

Letztlich kann Aggression die Proxemik beeinflussen, indem sie die Interaktionen zwischen Gruppen beeinflusst. Wenn es zu Konflikten zwischen Gruppen kommt, vergrößert der Einzelne seinen persönlichen Abstand und interagiert weniger mit gegnerischen Gruppenmitgliedern. Diese größere Distanz zwischen den Gruppen kann den Konflikt weiter verschärfen und die Spannungen erhöhen.

Ein Beispiel: Die Anhänger der gegnerischen Partei haben bei politischen Kundgebungen unterschiedliche Anforderungen an den persönlichen Raum. Mitglieder der einen Partei könnten mehr Abstand zwischen sich und den Anhängern der anderen Partei schaffen, um sich vor möglichen Schäden oder Angriffen zu schützen. Diese größere Distanz könnte zu einem Mangel an Interaktion zwischen den Gruppen führen und den Konflikt anheizen.

3. Dominanz

Einer der wichtigsten Faktoren, die die Proxemik beeinflussen, ist die Dominanz. Dominanz ist der Grad der Macht oder des Einflusses, den eine Person über eine andere hat. Sie kann sich auf verschiedene Weise manifestieren, z.B. durch Reichtum, körperliche Kraft, soziale Stellung oder Berufsbezeichnung.

Dominantere Menschen nutzen Raum und Distanz, um ihre Macht zu behaupten und ihren sozialen Status zu untermauern. In der Regel nehmen sie mehr Raum ein, stehen näher an anderen und verwenden ausladende Gesten und Körperhaltungen. Im Gegensatz dazu nehmen weniger dominante Personen weniger Raum ein, halten weniger Abstand und verwenden kleinere, unterwürfige Gesten.

Stellen Sie sich zum Beispiel einen CEO vor, der durch ein geschäftiges Büro geht. Wahrscheinlich schreitet er selbstbewusst und zielstrebig, nimmt viel Platz ein und erwartet, dass andere ihm Platz machen. Er steht näher an seinen Untergebenen und benutzt energische, befehlende Gesten, um seine Autorität zu behaupten.

Ein neuer Praktikant hingegen ist zögerlicher und unsicherer, nimmt weniger Platz ein und steht weiter weg von seinen Kollegen. Er verwendet kleinere, weniger ausladende Gesten und Körperhaltungen, um andere nicht zu verärgern und um denjenigen, die eine mächtigere Position innehaben, Respekt zu erweisen.

Dominanz kann beeinflussen, wie Menschen ihren persönlichen Raum nutzen. Dies hängt von kulturellen Normen und individuellen Vorlieben ab, aber im Allgemeinen ist der persönliche Raum für dominantere Menschen größer und für weniger dominante kleiner.

Ein Beispiel: Eine Person mit hohem Status fühlt sich wohl, wenn sie nahe bei anderen sitzt und sie gelegentlich berührt, um ihre Macht zu unterstreichen und ihr Selbstvertrauen und ihre Kontrolle zu zeigen. Im Gegensatz dazu fühlt sich eine Person mit niedrigem Status bei Körperkontakt unwohl und zieht es vor, einen größeren Abstand zu anderen zu halten, um nicht zu vertraut oder anmaßend zu wirken.

Die Dominanz wirkt sich darauf aus, wie Menschen den Blickkontakt nutzen. Blickkontakt ist ein wichtiger Aspekt der nonverbalen Kommunikation und vermittelt viel über die Absichten, Gefühle und Grundhaltungen einer Person.

Dominantere Personen verwenden direkten Blickkontakt, um Durchsetzungsvermögen und Selbstvertrauen zu signalisieren. Sie halten den Blickkontakt länger aufrecht und nutzen ihn, um andere einzuschüchtern oder herauszufordern. Im Gegensatz dazu vermeiden weniger dominante Personen den Blickkontakt und sind unterwürfig oder respektvoll.

Stellen Sie sich zum Beispiel ein Vorstellungsgespräch vor, bei dem der Gesprächspartner eine hochrangige Führungskraft ist. Er nutzt den direkten und anhaltenden Blickkontakt, um seine Dominanz zu demonstrieren und seine Autorität gegenüber dem Bewerber durchzusetzen. Umgekehrt vermeidet der Bewerber den Blickkontakt oder geht sparsam damit um, um Respekt und Ehrerbietung gegenüber der Position des Gesprächspartners zu zeigen.

Kapitel 6: Der Tonfall und wie Sie ihn verstehen können

Haben Sie sich schon einmal mit jemandem unterhalten und waren sich nicht sicher, was derjenige damit ausdrücken wollte? Machen Sie sich keine Sorgen. Sie sind nicht allein. Die Verwirrung, die durch Körpersprache und Tonfall entsteht, ist etwas, mit dem viele Menschen zu kämpfen haben. Das

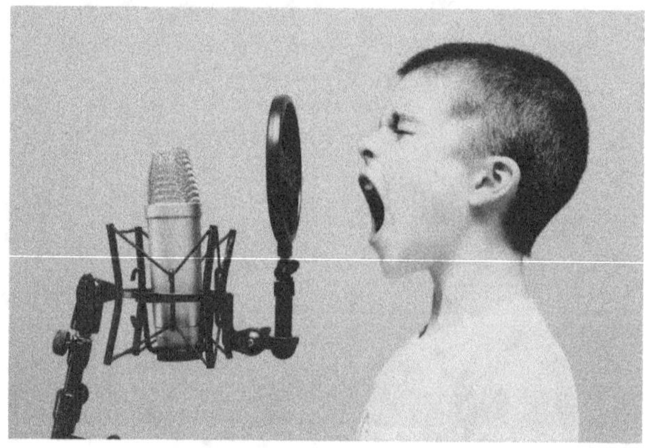

Der Tonfall einer Person kann Ihnen helfen, Körpersprache zu entschlüsseln.[6]

Verständnis des Tons ist jedoch entscheidend, um die Botschaft einer Person wirklich zu verstehen. Dieses Kapitel befasst sich mit den verschiedenen Stimmlagen, ihrer Bedeutung und ihrer Interpretation, um eine Person besser zu verstehen. Am Ende dieses Kapitels werden Sie in der Lage sein, die versteckten Bedeutungen hinter dem Tonfall einer Person zu entschlüsseln und Ihre Botschaft effektiver zu verstehen.

Die Rolle des Tons

In der Kommunikation ist die Körpersprache ein entscheidender Aspekt, der viele Informationen vermittelt. Sie umfasst Gestik, Mimik und Tonfall und verrät Emotionen und Gedanken ohne gesprochene Worte. Der Tonfall ist ein wichtiger Bestandteil der Körpersprache und entscheidend für die Übermittlung von Botschaften, ohne sich auf gesprochene Worte zu verlassen. Der Tonfall bezieht sich darauf, wie jemand spricht, einschließlich Tonhöhe, Rhythmus und Intonation. Er ist der Schlüssel zum Verständnis und zur Interpretation der hinter den Worten liegenden Bedeutungen und Emotionen.

Der Tonfall ist für die Übermittlung der Botschaft von entscheidender Bedeutung, da er die Wahrnehmung des Sprechers durch den Zuhörer erheblich beeinflussen kann. Die Forschung hat gezeigt, dass Menschen dem Tonfall mehr Aufmerksamkeit schenken als den tatsächlich gesprochenen Worten, da der Tonfall den emotionalen Zustand des Sprechers widerspiegelt, was die Interpretation der Botschaft erheblich verändern kann.

Der Tonfall kann eine Reihe von Emotionen vermitteln, z.B. Wut, Freude, Traurigkeit und Aufregung, und dadurch beeinflussen, wie der Zuhörer die Nachricht wahrnimmt. Nehmen wir zum Beispiel an, Sie sind wütend und sprechen in einem scharfen, aggressiven Ton. In diesem Fall könnte sich Ihr Zuhörer angegriffen fühlen und in die Defensive gehen, auch wenn Ihre Worte nicht unbedingt aggressiv sind. Wenn Sie hingegen die gleichen Worte in einem ruhigen und durchsetzungsfähigen Tonfall sprechen, ist der Zuhörer wahrscheinlich empfänglicher und offener für das, was Sie sagen.

Außerdem hat der Tonfall einen erheblichen Einfluss darauf, wie jemand wahrgenommen wird. Ein monotoner oder ausdrucksloser Tonfall kann den Sprecher als desinteressiert oder wenig enthusiastisch erscheinen lassen, selbst wenn er sich wirklich für das Thema begeistert. Ebenso kann ein hoher oder nasaler Tonfall den Sprecher nervös oder unsicher erscheinen lassen, selbst wenn er selbstbewusst und sachkundig in Bezug auf das Thema ist.

Der Tonfall beeinflusst den Gesamteindruck, den jemand hinterlässt, insbesondere in einem professionellen Umfeld. Wenn Sie zum Beispiel eine Präsentation vor Kollegen halten, wirken Sie kompetenter und glaubwürdiger, wenn Sie selbstbewusst und autoritär sprechen.

Umgekehrt lässt ein schüchterner oder ängstlicher Tonfall Sie selbst und Ihre Botschaft unsicher erscheinen.

Der Tonfall ist nicht immer leicht zu deuten. Um den Tonfall zu verstehen, müssen Sie genau zuhören und auf die Worte und die Art, wie sie gesagt werden, achten. Daher ist es wichtig, bei der Kommunikation mit anderen auf den Tonfall zu achten, um sicherzustellen, dass die Botschaft richtig übermittelt wird.

Der Tonfall ist ein entscheidender Aspekt der Körpersprache, der für die Vermittlung von Emotionen und Inhalten im Gespräch von Bedeutung ist. Er beeinflusst, wie der Zuhörer die Botschaft und den Sprecher wahrnimmt, und hat einen erheblichen Einfluss auf den Gesamteindruck, den jemand hinterlässt. Achten Sie beim Sprechen genau auf den Tonfall und machen Sie sich bewusst, wie Ihr Tonfall die Interpretation Ihrer Botschaft durch den Zuhörer beeinflussen kann.

Unterschiedliche Töne vermitteln unterschiedliche Körpersprache

Die Körpersprache ist eine wichtige Kommunikationskomponente, die hilft, Gedanken, Gefühle und Emotionen zu vermitteln. Ein Schlüsselelement der Körpersprache ist der Tonfall, d.h. die Worte, die durch die Tonhöhe, die Intonation und andere stimmliche Eigenschaften artikuliert und ausgedrückt werden.

Unterschiedliche Töne vermitteln unterschiedliche Bedeutungen und Emotionen, die jeweils eine einzigartige Wirkung auf den Empfänger haben. Der Tonfall macht 38% einer Nachricht aus und ist damit ein entscheidender Bestandteil einer effektiven Kommunikation.

Einer der häufigsten Töne in der Körpersprache ist der durchsetzungsfähige Ton, der Selbstvertrauen und Autorität vermittelt. Wenn Sie selbstbewusst sprechen, drücken Sie Ihre Meinungen und Ideen klar und selbstbewusst aus, ohne aggressiv oder defensiv zu wirken. Dieser Ton wird häufig in Führungs- und Managementpositionen verwendet, in denen eine effektive Kommunikation und eine sichere Entscheidungsfindung unerlässlich sind. So vertreten Sie beispielsweise in einer Teambesprechung oder bei der Erteilung von Anweisungen an Ihre Mitarbeiter mit Nachdruck Ihre Meinung.

Das Gegenteil eines durchsetzungsfähigen Tons ist ein unterwürfiger oder rechtfertigender Ton, der oft verwendet wird, um Konflikte zu vermeiden oder wenn Sie Angst haben, die Gefühle anderer zu verletzen. Wenn Sie in einem unterwürfigen oder rechtfertigenden Ton sprechen, wirken Sie zögerlich oder unsicher und vermitteln einen Mangel an Selbstvertrauen oder Selbstsicherheit. Dieser Tonfall kann Ihrem Wachstum und Ihren Steigerungsmöglichkeiten abträglich sein, da Ihre Meinungen und Ideen unterbewertet werden. Sie sagen zum Beispiel übermäßig oft *Es tut mir leid*, auch wenn es nicht nötig ist.

Ein weiterer Ton in der Körpersprache ist der einfühlsame Ton. Dieser Tonfall vermittelt, dass Sie die Gefühle einer Person verstehen und sich um sie kümmern. Wenn Sie einfühlsam sprechen, zeigen Sie, dass Sie sich in die Lage des anderen hineinversetzen und ihm Unterstützung oder Ermutigung anbieten. Dieser Ton wird häufig in Beratungs-, Coaching- oder Mentoring-Rollen verwendet, in denen es wichtig ist, Empathie und Mitgefühl zu zeigen. Sie sagen zum Beispiel: „Ich verstehe, wie Sie sich fühlen" oder „Es tut mir leid, das muss hart für Sie sein", wenn sich jemand Ihnen über seine Herausforderungen oder Probleme anvertraut.

Das Gegenteil eines einfühlsamen Tons ist ein kalter oder leidenschaftsloser Ton, der einen Mangel an Interesse, Sorge oder Fürsorge ausdrückt. Wenn Sie in einem kalten oder leidenschaftslosen Tonfall sprechen, wirken Sie distanziert, unnahbar oder uninteressiert und vermitteln, dass Ihnen die Gefühle oder Erfahrungen der anderen Person egal sind. Dieser Ton kann Beziehungen schaden und Menschen das Gefühl geben, unwichtig zu sein oder nicht beachtet zu werden. Wenn Sie beispielsweise auf die emotionale Geschichte einer Person mit einer ausdruckslosen oder monotonen Stimme antworten, vermitteln Sie einen Mangel an Verbundenheit oder Einfühlungsvermögen.

Ein konversationeller Ton ist ein weiterer gängiger Ton in der Körpersprache, der Freundlichkeit und Ansprechbarkeit vermittelt. Wenn Sie in einem konversationellen Tonfall sprechen, laden Sie Ihre Gesprächspartner ein, sich mit Ihnen zu unterhalten und sich frei zu äußern. Dieser Ton wird häufig in sozialen Situationen oder beim Networking verwendet, wo es darauf ankommt, einen guten Eindruck zu hinterlassen und eine Beziehung aufzubauen. Zum Beispiel, wenn Sie jemanden nach seinem Wochenende oder seinen Hobbys fragen oder auf einer Party Smalltalk machen.

Ein monotoner oder flacher Ton hingegen vermittelt Langeweile oder Desinteresse und kann abschreckend wirken. Wenn Sie in einem monotonen oder flachen Tonfall sprechen, wirken Sie unenthusiastisch oder uninspiriert und vermitteln, dass Sie sich nicht für das Gesagte begeistern können oder daran nicht interessiert sind. Dieser Tonfall kann Interaktionen schaden, da sich Menschen entmutigt oder vernachlässigt fühlen. Ein Beispiel: Sie antworten auf eine Frage mit einem einfachen Ja oder Nein, ohne den Tonfall zu verändern oder zu vertiefen.

Die Körpersprache ist ein wichtiger Bestandteil der Kommunikation, um Gedanken, Gefühle und Emotionen zu vermitteln. Der Tonfall ist ein wichtiger Aspekt der Körpersprache, der verschiedene Inhalte und Emotionen vermittelt. Zu den verschiedenen Tönen der Körpersprache gehören durchsetzungsfähig, unterwürfig, einfühlsam, kalt, konversationell und eintönig. Wenn Sie diese Töne verstehen und wissen, wann Sie sie einsetzen sollten, können Sie effektiver und authentischer kommunizieren.

Elemente, die den Ton der Stimme beeinflussen

1. Lautstärke

Das Verständnis der Körpersprache ist ein wichtiges Instrument für eine effektive Kommunikation. Ein Aspekt, der oft übersehen wird, ist die Lautstärke der Stimme, die eine Person während eines Gesprächs verwendet. Wenn Sie lernen, diesen Aspekt des Kommunikationsstils einer Person zu interpretieren, können Sie wichtige Einblicke in den Hintergrund, die Persönlichkeit und die Emotionen dieser Person gewinnen.

Während der Kommunikation werden hauptsächlich drei Lautstärken verwendet: niedrig, normal und hoch. Jede Lautstärke offenbart unterschiedliche Aspekte der Körpersprache einer Person und gibt wichtige Einblicke in ihren Kommunikationsstil.

Eine niedrige Lautstärke wird im Allgemeinen mit Schüchternheit, Unsicherheit oder Introvertiertheit in Verbindung gebracht. Jemand, der leise spricht, könnte seine Gefühle verbergen und nicht zu viel Aufmerksamkeit auf sich ziehen. In manchen Fällen haben sie vielleicht Angst, missverstanden oder ignoriert zu werden. Zusätzlich zu ihrem leisen Tonfall wirken sie nervös, zappelig und vermeiden Blickkontakt. Wenn Sie die Körpersprache einer Person mit einem leisen Tonfall interpretieren, ist es wichtig, ihr Zeit und Raum zum Sprechen zu geben, ohne sie unter Druck zu setzen.

Eine normale Lautstärke wird oft mit jemandem assoziiert, der selbstbewusst ist und sich in seiner Haut wohl fühlt. Diese Personen sprechen in der Regel klar und zielgerichtet. Sie sind sich ihrer Worte sicher und nutzen Blickkontakt, Handgesten oder andere nonverbale Botschaften, um bestimmte Punkte zu betonen. Menschen mit normaler Lautstärke haben eine offene und einladende Körpersprache. Sie stellen in der Regel Blickkontakt her, und ihre Mimik spiegelt ihre Worte und Emotionen wider.

Personen, die mit hoher Lautstärke kommunizieren, werden oft als durchsetzungsfähig oder aggressiv wahrgenommen. Sie sprechen laut und ohne Hemmungen, so dass sich andere eingeschüchtert oder unwohl fühlen. Menschen mit einem lauten Tonfall haben eine einschüchternde Körpersprache, verschränken zum Beispiel die Arme oder stehen zu dicht vor anderen. Ein lauter Tonfall ist jedoch nicht immer ein Zeichen für Aggression. Manchmal sind Menschen mit diesem Tonfall einfach nur enthusiastisch oder leidenschaftlich über ein Thema und drücken sich voll und ganz aus. Gehen Sie daher mit Vorsicht und Respekt an die Kommunikation mit einer Person heran, die einen lauten Tonfall hat.

Wenn Sie die Lautstärke in der Körpersprache einer Person verstehen, können Sie wertvolle Einblicke in ihren Kommunikationsstil, ihre Emotionen und ihren Hintergrundkontext gewinnen. Wenn Sie auf den Tonfall einer Person achten, können Sie deren Gefühle und Reaktionen vorhersehen und Ihre Körpersprache und Ihren Kommunikationsstil entsprechend anpassen. Egal, ob es sich um einen leisen, normalen oder lauten Umgangston handelt, interpretieren Sie ihn im breiteren Kontext der nonverbalen Botschaften und gesprochenen Worte der Person. Auf diese Weise erreichen Sie eine effektivere Kommunikation und bessere zwischenmenschliche Beziehungen.

2. Artikulation und Vokalisation

Wenn Sie eine Person beobachten, können Sie wichtige Anhaltspunkte über sie sammeln, indem Sie auf ihren Tonfall achten. Die Art und Weise, wie sich eine Person artikuliert oder vokalisiert, kann Ihnen einen einzigartigen Einblick in ihre Körpersprache und ihre

Art der Kommunikation geben. Oft können Sie anhand des Klangs der Stimme feststellen, ob jemand ansprechbar, freundlich oder verschlossen ist.

Wenn eine Person ihre Worte klar artikuliert, deutet dies in der Regel darauf hin, dass sie geistig klar und offen für Kommunikation ist. Sie vermitteln eine Botschaft und wollen verstanden werden. Sie sind an dem Gespräch beteiligt und wollen sich voll einbringen. Eine klare Artikulation ist oft das Markenzeichen effektiver Kommunikatoren, die ihre beabsichtigte Botschaft mit Präzision und Klarheit vermitteln.

Im Gegensatz dazu deutet eine ungenaue Artikulation auf Irreführung oder geistige Verwirrung hin. Eine undeutliche oder verwaschene Sprache kann darauf hindeuten, dass eine Person etwas verheimlicht oder ihre Gedanken nicht kohärent artikulieren kann. Menschen, die kein Vertrauen in ihre Botschaft haben, können murmeln oder stottern und so die Zuhörer verwirren. In manchen Fällen deutet eine ungenaue Aussprache darauf hin, dass die Person sich nicht auf das Gespräch einlässt und keine Lust hat, sich voll einzubringen.

Eine sehr deutliche Stimmgebung ist zwar beeindruckend, kann aber auch negative Emotionen signalisieren. Der Narzissmus, der in dieser Kommunikation deutlich wird, deutet beispielsweise darauf hin, dass der Sprecher zu sehr mit sich selbst beschäftigt ist oder sich mehr darauf konzentriert, sich Gehör zu verschaffen, als anderen zuzuhören oder auf sie einzugehen. Diese Sprecher konzentrieren sich mehr auf ihren Standpunkt als auf das Gespräch. Außerdem kann die Anspannung dazu führen, dass die Stimme einer Person undeutlich und ungenau wird, was darauf hindeutet, dass die Person ängstlich oder nervös ist.

Das Stolpern über Wörter kann auf Hemmungen oder Aggressivität hinweisen. Menschen, die nervös sind oder sich unwohl fühlen, stottern oder stolpern über ihre Worte, während Menschen, die sich in einer bestimmten Angelegenheit stark fühlen, aggressiv werden und in der Hitze des Gefechts über ihre Worte stolpern.

Die Stimmgebung einer Person sagt viel über ihren Kommunikationsstil und ihre Interaktionen mit anderen aus. Eine klare Stimmgebung deutet darauf hin, dass eine Person offen für Gespräche und Beteiligung ist, während eine ungenaue Artikulation auf Täuschung oder Verwirrung hindeutet. Sehr deutliche Äußerungen sind zwar oft beeindruckend, können aber auch auf Narzissmus oder Anspannung hindeuten. Eine stolpernde Sprache kann auf Hemmungen oder

Aggressivität hinweisen. Wenn Sie auf den Sprachstil einer Person achten, können Sie einen Eindruck von ihrer Persönlichkeit und ihren Kommunikationstendenzen gewinnen.

Die Art und Weise, wie sich eine Person äußert und artikuliert, sagt viel über ihren Kommunikationsstil und ihre Interaktion mit anderen aus. Wenn Sie genau auf den Tonfall einer Person achten, können Sie ihre Stimmung, ihr Selbstvertrauen und ihre Offenheit für Kommunikation erkennen. Jede Person äußert sich anders, so dass das Erkennen von Mustern und Tendenzen einen Einblick in ihre Persönlichkeit geben und bei der Interpretation ihrer Körpersprache helfen kann. Indem Sie auf verbale und nonverbale Botschaften achten, gewinnen Sie ein umfassenderes Verständnis für eine Person und können effektivere Kommunikationsstrategien entwickeln.

3. Tempo

Das Tempo des Tons bezieht sich auf die Geschwindigkeit, mit der die Person spricht. Es variiert von Person zu Person und sogar von Situation zu Situation. Es ist jedoch wichtig, das Tempo des Tons im Zusammenhang mit dem Kontext zu betrachten. Ein langsames Tonfalltempo kann auf mangelndes Interesse an der Unterhaltung oder auf eine gewisse Weltabgewandtheit hinweisen. Eine Person, die langsam spricht, könnte gelangweilt oder desinteressiert an dem Gespräch sein. Ihre Körpersprache zeigt in diesem Fall Desinteresse, wie z.B. ein lümmelndes Sitzen oder das Vermeiden von Blickkontakt.

Andererseits kann ein schneller Tonfall darauf hindeuten, dass die Person ängstlich oder angespannt ist. Vielleicht möchte sie Informationen verbergen oder fühlt sich bei dem Thema unwohl. In diesem Fall zeigt die Körpersprache Nervosität, wie z.B. Zappeln oder Vermeiden von Blickkontakt. Achten Sie auf diese Anzeichen, denn sie können darauf hindeuten, dass die Person Informationen zurückhält oder sich unwohl fühlt.

Ein gleichmäßiger Tonfall ist schwer zu interpretieren, da er möglicherweise keine offensichtlichen Emotionen zeigt. Es ist jedoch wichtig zu verstehen, dass ein gleichmäßiger Tonfall darauf hindeutet, dass die Person sich zurückhält oder ihre Emotionen in sich hineinfrisst. Möglicherweise bewahrt die Person Gelassenheit, was sich auch in ihrer Körpersprache zeigt. Sie vermeiden es, herumzuzappeln oder die Schultern hängen zu lassen, nehmen eine aufrechte Haltung ein und halten einen ständigen Blickkontakt, was darauf hindeutet, dass die

Person versucht, ihre Emotionen unter Kontrolle zu halten und sich möglicherweise nicht ganz auf das Gespräch einlässt.

Ein unregelmäßiger Tonfall ist am schwierigsten zu interpretieren, da er eine Reihe von Emotionen anzeigen kann. Er kann auf Verwirrung, Angst oder eine Kommunikationsstörung hinweisen. Eine Person mit einem unregelmäßigen Tonfall zeigt widersprüchliche nonverbale Botschaften, was es schwierig macht, die Körpersprache richtig zu interpretieren. In diesem Fall ist es wichtig, genau auf den Gesichtsausdruck und die Körperhaltung zu achten, die zusätzlichen Kontext liefern.

Das Verstehen des Tempos des Tons gibt wertvolle Einblicke in den emotionalen Zustand einer Person. Durch die Analyse der Tonlage können Sie Informationen über das Interesse, die Belastung und die Bereitschaft der Person zur Kommunikation sammeln. Zusammen mit anderen nonverbalen Botschaften, wie Körperhaltung und Gesichtsausdruck, liefern diese Informationen eine Fülle von Informationen über den emotionalen Zustand der Person. Achten Sie auf das Tempo des Tons und seine Beziehung zum Kontext des Gesprächs, um die Körpersprache der Person richtig zu interpretieren. Sie werden Ihre Kommunikation verbessern und die Personen besser verstehen.

Schritt-für-Schritt-Anleitung

Den Tonfall richtig zu deuten, ist eine wesentliche Fähigkeit für eine effektive Kommunikation. Der Tonfall vermittelt den emotionalen Zustand und die Absichten des Sprechers und hat erheblichen Einfluss darauf, wie der Empfänger die Botschaft versteht.

Hier finden Sie praktische Tipps, wie Sie den Tonfall richtig interpretieren können:

- **Achten Sie auf Veränderungen im Tonfall:** Der Tonfall ändert sich während eines Gesprächs. Das Erkennen dieser Veränderungen gibt Aufschluss über die Gefühle und Absichten des Sprechers. Ein plötzlicher Wechsel von einem neutralen oder freundlichen Tonfall zu einem wütenden oder abwehrenden Tonfall kann beispielsweise darauf hinweisen, dass das Gespräch negative Emotionen in dem Sprecher ausgelöst hat. Andererseits kann eine allmähliche Steigerung von einem zögerlichen oder unsicheren Ton zu einem selbstbewussten und durchsetzungsfähigen Ton signalisieren, dass der Sprecher mehr Vertrauen oder Überzeugung in seine Botschaft gewonnen hat.

- **Analysieren Sie die Tonhöhe und Intonation:** Tonhöhe und Intonation sind entscheidende Elemente des Tons, die den emotionalen Zustand des Sprechers verraten. Eine hohe Tonlage und eine steigende Intonation deuten auf Aufregung oder Begeisterung hin, während eine tiefe Tonlage und eine fallende Intonation Traurigkeit oder Enttäuschung signalisieren. Änderungen der Tonhöhe und der Intonation vermitteln Sarkasmus oder Ironie und offenbaren die wahren Gefühle des Sprechers zu dem Thema oder der Person, über die gesprochen wird.

- **Achten Sie auf nonverbale Botschaften:** Nonverbale Botschaften wie Mimik, Gestik und Körpersprache sind wertvolle Anhaltspunkte für die Interpretation des Tons. Ein Beispiel: Ein Redner, der nervös herumzappelt oder den Blickkontakt vermeidet, könnte ängstlich sein oder sich unwohl fühlen. Umgekehrt ist ein Sprecher, der aufrecht steht, Blickkontakt herstellt und ausladende Gesten verwendet, normalerweise selbstbewusst und durchsetzungsfähig. Wenn Sie diese nonverbalen Botschaften zusammen mit dem Tonfall beobachten, erhalten Sie ein umfassenderes Bild von den Emotionen und der Grundhaltung des Sprechers.

- **Berücksichtigen Sie den Kontext:** Der Kontext oder Hintergrund des Gesprächs beeinflusst den Tonfall erheblich. Ein Beispiel: Ein Sprecher verwendet einen sarkastischen oder ironischen Ton in einem unbeschwerten Gespräch oder kritisiert scherzhaft einen engen Freund. Im Gegensatz dazu kann derselbe Ton in einer ernsthaften Diskussion oder in einem beruflichen Umfeld als unhöflich oder respektlos erscheinen. Wenn Sie den Kontext berücksichtigen, können Sie den Tonfall genauer interpretieren und Missverständnisse vermeiden.

- **Achten Sie auf emotional aufgeladene Wörter:** Emotional aufgeladene Wörter oder Ausdrücke können auf den emotionalen Zustand des Sprechers hinweisen. Wenn jemand zum Beispiel *hassen, lieben, wütend* oder *glücklich* sagt, verrät das häufig seinen emotionalen Zustand. Beachten Sie jedoch den Kontext und den Tonfall, um festzustellen, ob die Worte wörtlich oder sarkastisch gemeint sind.

- **Erkennen Sie Muster in der Sprache:** Das Erkennen von Sprachmustern, wie Wiederholungen, Zögern oder Füllwörter, gibt Hinweise auf den emotionalen Zustand oder den Denkprozess des Sprechers. Ein Beispiel: Ein Sprecher, der häufig *ähm*, *äh* oder lange Pausen verwendet, sucht möglicherweise nach den richtigen Worten, um sich auszudrücken, während ein Sprecher, der bestimmte Sätze oder Ideen wiederholt, einen bestimmten Punkt betonen möchte.

- **Übung macht den Meister:** Üben Sie schließlich, den Tonfall zu interpretieren. Wie bei jeder neuen Aufgabe braucht es Zeit und konsequente Anstrengung, um den Tonfall richtig zu interpretieren. Sprechen Sie mit Menschen und achten Sie auf die Veränderungen im Tonfall. Erkennen Sie Veränderungen im Tonfall und bringen Sie sie mit den körperlichen oder emotionalen Hinweisen in Verbindung, die Sie beobachten. Je mehr Sie sich anstrengen, desto besser werden Sie den Tonfall richtig deuten können.

Kapitel 7: Kultureller Kontext und nonverbale Botschaften

In diesem Kapitel geht es um das Verständnis nonverbaler Botschaften in verschiedenen Kulturen und darum, wie kulturelle Normen und Werte die Kommunikation, Gestik und Körpersprache der Menschen maßgeblich beeinflussen. In diesem Kapitel erfahren Sie, wie wichtig der kulturelle Kontext ist, um nonverbale Botschaften wahrzunehmen und zu interpretieren.

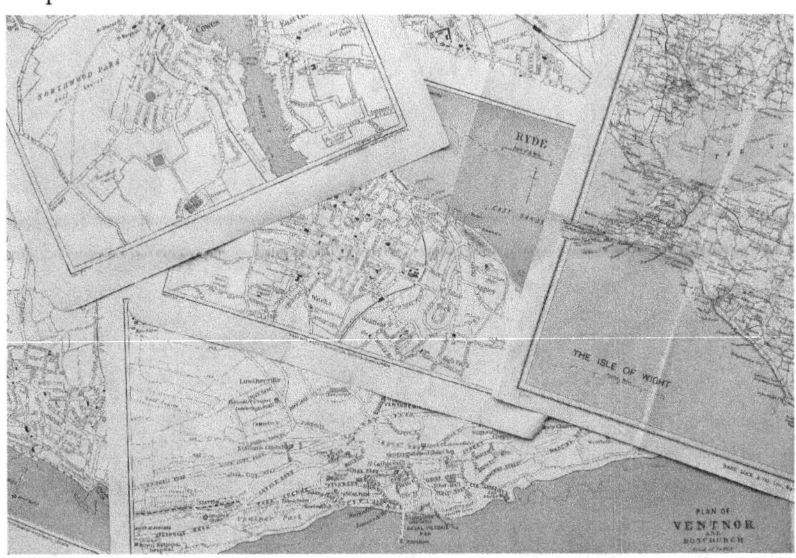

Nonverbale Botschaften können in verschiedenen Kulturen unterschiedliche Bedeutungen haben.[7]

Hier erfahren Sie, welche Faktoren Sie berücksichtigen müssen, wenn Sie mit jemandem aus einem anderen Kulturkreis kommunizieren, und wie jeder Faktor die Kommunikationsgewohnheiten beeinflusst. Sie erfahren etwas über kommunikative Herausforderungen wie die unterschiedliche Wahrnehmung von Gesten, Körpersprache, Blickkontakt, Raum, Zeit und Berührung.

Kultureller Kontext und Kommunikation

Kommunikation ist für die Entstehung und das Funktionieren von Gesellschaften unerlässlich. Dadurch werden Beziehungen zu anderen Menschen aufgebaut, Gedanken und Gefühle ausgedrückt und Ideen ausgetauscht. Nonverbale Kommunikation kann sehr hilfreich sein, wenn Sie mit jemandem kommunizieren, der Ihre Sprache nicht spricht.

Handgesten helfen Ihnen, Ihren Standpunkt zu vermitteln und die Sprachbarriere zu überwinden. Auch Ihre Mimik gibt Aufschluss darüber, wie Sie fühlen und denken. Anhand Ihrer Gesichtsreaktionen können andere erkennen, ob Sie sich freuen, verwirrt, wütend, traurig oder besorgt sind. Ihr Tonfall kann Ihre Absichten und Gefühle verraten, selbst wenn die Person nicht versteht, was Sie sagen. Anhand verschiedener nonverbaler Botschaften können Menschen erkennen, ob jemand eine Frage stellt, ein Kompliment macht, seine Frustration ausdrückt oder freundlich ist, unabhängig von der Sprache.

Die Art und Weise, wie Menschen kommunizieren, ist stark von ihrer Gesellschaft und Kultur geprägt, ob verbal oder nonverbal. Daher ist es unerlässlich, den kulturellen Kontext bei der Interpretation von Kommunikationszeichen zu berücksichtigen. Der kulturelle Kontext bezieht sich auf die Bedeutung von Kultur und Hintergrund für die Art und Weise, wie Menschen die Welt wahrnehmen und dementsprechend mit anderen kommunizieren.

Sie könnten auf zahlreiche Hindernisse und Missverständnisse stoßen, wenn Sie sich nicht bewusst sind, welchen Einfluss die Gesellschaft und die Erziehung einer Person auf ihren Kommunikationsstil haben. Neben der Sprache beeinflussen die Kulturen, Werte, Sitten und Traditionen einer Gruppe nahezu jeden Aspekt ihres Lebens, einschließlich Gestik, Mimik, Körpersprache, Tonfall und anderer nonverbaler Botschaften. Sie haben einen erheblichen Einfluss darauf, wie Gruppen von Menschen untereinander und mit anderen kommunizieren.

Haben Sie sich jemals gefragt, warum Sie auf Reisen im Ausland von Einheimischen seltsam angeschaut werden? Wahrscheinlich haben Sie etwas getan, das als beleidigend empfunden wurde, obwohl es überall sonst völlig normal war. Genauso wie Sie sich bei der Planung Ihrer Reise über den Wetterbericht und die interessantesten Sehenswürdigkeiten informieren, müssen Sie sich auch mit den akzeptablen und inakzeptablen Verhaltensweisen sowie den nonverbalen Botschaften der Einheimischen vertraut machen.

Jede Kultur weist einzigartige Merkmale auf, und diese Unterschiede sind nicht dazu gedacht, die Kluft zwischen den Menschen zu vergrößern. Wenn Sie sich bemühen, den Hintergrund, den Glauben, die Bräuche und die Kultur eines anderen Menschen zu verstehen, kommen Sie sich näher und fördern die gegenseitige Wertschätzung und Bewunderung. Es macht es viel einfacher, eine Verbindung zu ihm aufzubauen, unabhängig von Ihren Unterschieden. Kulturelle Unterschiede sollten auch am Arbeitsplatz berücksichtigt werden, da sie die Art und Weise beeinflussen, wie Menschen Dinge tun, an große Entscheidungen herangehen und mit ihren Kollegen interagieren.

Im Folgenden finden Sie einige Dinge, die Sie beachten sollten, wenn Sie mit jemandem mit einem anderen Hintergrund kommunizieren:

Stammen sie aus einer High- oder Low-Context-Kultur?

Ob eine Kultur sich bei der Kommunikation stärker oder schwächer auf den Kontext verlässt, hat einen großen Einfluss darauf, wie sie kommuniziert. In sogenannten High-Context-Kulturen, in denen der Kontext einen sehr hohen Stellenwert einnimmt, verlassen sich die Menschen eher auf ihre Beziehungen zu anderen als auf ihre Worte, um bestimmte Botschaften zu übermitteln, da sie meist indirekte oder implizite Kommunikation verwenden.

Diese Kulturen verstehen Botschaften auf der Grundlage ihres gemeinsamen Wissens, ihrer Verbindung und ihrer Geschichte. Um ein tieferes gegenseitiges Verständnis zu fördern, achten sie vor allem auf nonverbale Botschaften, wie Körpersprache und Mimik. Die meisten Länder des Nahen Ostens, einschließlich Süd- und Nordkorea, China und Japan, sind einige Beispiele für kontextreiche Kulturen.

Low-Context-Kulturen verwenden dagegen eine direkte und explizite Kommunikation. Sie verlassen sich auf sorgfältig ausgewählte Worte, um sicherzustellen, dass ihre Botschaften effektiv vermittelt werden.

Menschen aus kontextarmen Kulturen legen in der Regel Wert auf Individualismus und lassen keinen Raum für Zweideutigkeiten. Sie legen keinen Wert auf nonverbale Botschaften, da sie diese für weniger wichtig halten. Nordeuropäische Länder, Deutschland und die Vereinigten Staaten gehören zu den Low-Context-Kulturen.

Berücksichtigen Sie ihren Kommunikationsstil

Soziale Normen, Werte und die Kultur prägen den Kommunikationsstil einer Person auf verschiedene Weise, z.B. durch die Intonation, die Förmlichkeit oder Direktheit und die nonverbalen Botschaften. In einigen Kulturen sind indirekte Kommunikation, der übermäßige Gebrauch von Metaphern und Euphemismen sowie die Verwendung von impliziten oder doppelten Bedeutungen normal. In anderen Kulturen werden Geradlinigkeit und Offenheit hoch geschätzt.

Jede Kultur hat ihre eigenen Erwartungen in Bezug auf nonverbale Botschaften. In manchen Kulturen gilt es beispielsweise als Zeichen von Respektlosigkeit, die Beine übereinander zu schlagen. In vielen Teilen der Welt wird von Ihnen erwartet, dass Sie den Blickkontakt als Zeichen der Aufmerksamkeit und des Respekts aufrechterhalten, aber in anderen Ländern wird ein zu langer Blickkontakt als Aggression empfunden.

Jede Kultur hat ungeschriebene Regeln in Bezug auf Hierarchie und Förmlichkeit, je nach Alter oder gesellschaftlicher Stellung. Zum Beispiel gilt das Weglassen bestimmter Ehrentitel oder förmlicher Titel bei der Anrede von älteren Menschen oder Personen, die Sie nicht gut kennen, in einigen Ländern als ein Zeichen extremer Respektlosigkeit. In anderen Kulturen ist es üblich, eine informelle Sprache zu verwenden. Die Bedeutung bestimmter Gesichtsausdrücke, Körperhaltungen und Handgesten kann von Land zu Land unterschiedlich sein, und Sie könnten versehentlich jemanden beleidigen.

Verstehen Sie die kulturellen Überzeugungen

Die kulturellen Überzeugungen und Werte einer Person beeinflussen, wie sie das Verhalten anderer wahrnimmt und interpretiert. Wenn Sie diese Überzeugungen ergründen, können Sie Missverständnisse vermeiden. Einige Kulturen ermutigen Sie zum Beispiel, Ihre Meinung zu äußern. In anderen gilt es als unhöflich, Emotionen und persönliche Meinungen zu äußern, vor allem, wenn sie im Gegensatz zu denen eines anderen stehen. In den meisten Kulturen wird von Ihnen erwartet, dass Sie andere grüßen, bevor Sie ein Gespräch beginnen. Auch die Form der Begrüßung variiert je nach Kontext und Situation.

Berücksichtigen Sie Bräuche und Gewohnheiten

Jede Kultur hat ihre eigenen Kommunikationsgewohnheiten und -normen. Während Schweigen in den Vereinigten Staaten als unangenehme Gesprächspause empfunden werden kann, wird es in anderen Kulturen taktvoll eingesetzt, um Botschaften anzuzeigen. In Japan und einigen arabischen Ländern zeigt Schweigen Respekt und Zustimmung an. Ein arabisches Sprichwort besagt: *Schweigen ist ein Zeichen der Zustimmung.* Die Verhandlungsstile variieren zwischen verschiedenen Gruppen von Menschen. In einigen Kulturen legen die Menschen Wert auf Durchsetzungsvermögen, während andere sich für Kompromisse entscheiden, weil sie Harmonie über Eigeninteresse stellen.

Der Einsatz von Humor ist in der Kommunikation weit verbreitet. Er kann helfen, bestimmte Botschaften zu vermitteln oder die Stimmung aufzulockern. Die Wirksamkeit dieser Taktik ist jedoch von Land zu Land unterschiedlich. Australier und Amerikaner befürworten den Einsatz von Humor in der Kommunikation. Sie glauben, dass es ein Weg ist, das Eis zu brechen und schwere, unangenehme Emotionen abzubauen. In anderen Kulturen, wie z.B. China und Japan, ist man eher zurückhaltend. Sie achten sehr genau darauf, wie und wann sie Humor in ihre Interaktionen einbauen.

Wenn Sie sich mit jemandem unterhalten, müssen Sie sich vor den kulturellen Tabus in Acht nehmen. Jede Kultur hält es für anstößig, über bestimmte Themen offen zu sprechen. In einigen Teilen der Welt gilt es als unangemessen, über Geld zu sprechen oder jemanden nach seinem Einkommen zu fragen. Auch Themen wie Sexualität, Religion und Politik sind in einigen Kulturen tabu. Achten Sie auch immer auf die kulturellen Normen bezüglich des persönlichen Raums. In den Ländern Lateinamerikas und des Nahen Ostens ist es normal, bei Gesprächen einen kleinen Abstand zu halten. In den nordamerikanischen und europäischen Ländern hingegen halten die Menschen lieber einen größeren Abstand ein.

Verstehen Sie den geographischen Einfluss auf den Kommunikationsstil

Die geografische Lage eines Landes kann sich auf den Kommunikationsstil der Menschen dort auswirken. Jedes Land hat eine einzigartige Mischung aus natürlichen Ressourcen, Terrain und Klima, die sich auf interessante Weise darauf auswirkt, wie seine Bewohner kommunizieren und interagieren. Menschen, die auf Inseln oder in Küstenregionen aufgewachsen sind, sind oft enger mit dem Meer verbunden. Ihre Wirtschaft basierte wahrscheinlich auf Aktivitäten am Meer wie Seehandel und Fischerei. Möglicherweise haben sie auch in kleineren Gemeinschaften gelebt, in denen die Menschen Zusammenarbeit, Freundlichkeit und Einigkeit schätzten. Daher könnten diese Menschen ähnliche Werte vermitteln und ähnliche Beziehungen zu ihren Freunden aufbauen.

Menschen, die in rauem Klima und Gelände leben, könnten sich auf einen Kommunikationsstil verlassen, der ihre Nöte widerspiegelt. Sie könnten übermäßig defensiv, geradeheraus oder übermäßig unabhängig sein, weil sie dazu erzogen wurden, sich selbst zu versorgen und Überlebenstechniken anzuwenden. Die Erfahrungen und das Umfeld der Menschen prägen die Art und Weise, wie sie mit der Welt interagieren.

Bestimmen Sie den Grad der kulturellen Freiheit

In den einzelnen Ländern herrscht ein unterschiedlicher Grad an kultureller Freiheit. Das bedeutet, dass Menschen mit unterschiedlichem Hintergrund befürchten müssen, Zensur, Unterdrückung, Diskriminierung oder Vorurteilen ausgesetzt zu sein, wenn sie ihre kulturellen Aktivitäten und Traditionen ausüben. Nicht jeder hat die Freiheit, sich selbst und seine kulturelle Identität zu feiern und auszudrücken.

Kulturelle Freiheit wirkt sich auf das Ausmaß aus, in dem Menschen authentisch und offen kommunizieren können. Wenn ihre Fähigkeit eingeschränkt ist, werden sie weniger bedeutungsvolle Beziehungen aufbauen. Sie müssen möglicherweise bestimmte Gedanken und Gefühle unterdrücken und vermeiden es, über bestimmte Themen zu sprechen, wodurch sie zurückhaltender oder nicht authentisch wirken und Missverständnisse entstehen.

Wenn Menschen ihre Ansichten frei diskutieren können, sind sie offener für die Meinungen, Ansichten und Erfahrungen anderer

Menschen. Dies fördert den kulturellen Austausch und ermöglicht es den Menschen, von den Hintergründen und Lebenserfahrungen der anderen zu lernen, eine tiefere Verbindung zu knüpfen, unerwünschte Ansichten und Stereotypen zu vermeiden und die gegenseitige Wertschätzung zu erhöhen. Ein hohes Maß an kultureller Freiheit führt zu direkten und offenen Gesprächen, die die Kommunikation verbessern und es den Menschen ermöglichen, ihre Argumente effektiver zu vermitteln.

Berücksichtigen Sie den gesellschaftlichen Grad der Offenheit

Wie offen und aufrichtig Menschen sind, ist eine Eigenschaft, die von ihren kulturellen und gesellschaftlichen Normen beeinflusst wird. Offenheit führt zu ehrlicheren und stärkeren Beziehungen, weil sie es den Menschen ermöglicht, ehrlichere Gespräche zu führen. Offenheit bedeutet nicht zwangsläufig, dass Sie unhöflich sein oder andere für ihre kleinsten Unzulänglichkeiten zurechtweisen müssen. Zu viel Höflichkeit, die so weit geht, dass Sie es vermeiden, anderen Ihre ehrliche Meinung zu sagen, kann jedoch zu einem Mangel an Vertrauen führen. Wenn Sie mit jemandem kommunizieren, müssen Sie herausfinden, welche Offenheit und Aufrichtigkeit er in einem Gespräch zu akzeptieren bereit ist. Was Sie vielleicht für einfach nur ehrlich halten, kann von anderen als respektlos empfunden werden.

Berücksichtigen Sie Ihre kulturelle Sichtweise

Es reicht nicht aus, die wesentlichen Unterschiede zwischen der Kultur anderer Menschen und der eigenen zu verstehen. Sie müssen auch Ihre kulturelle Linse analysieren, die einzigartige Art und Weise, wie Sie Informationen über andere Kulturen aufnehmen und interpretieren. Menschen geben kulturellen Aspekten eine Bedeutung, die auf dem basiert, was sie wissen, und die im Wesentlichen von ihrer Kultur beeinflusst wird. Die kulturelle Linse einer Person sind die Erwartungen, Überzeugungen, Werte, Verhaltensweisen und Handlungen, mit denen sie aufgewachsen sind und die sie ausüben. Menschen, die sich nie außerhalb ihrer kulturellen Blase bewegt haben, haben oft Schwierigkeiten, zwischen ihren Annahmen und der Realität zu unterscheiden.

Denken Sie daran, wie es war, als Sie außerhalb Ihrer Komfortzone waren. Wenn Sie Menschen mit anderen Werten und Überzeugungen treffen, werden Sie sich Ihrer eigenen bewusster. Sie erkennen, dass Ihre Moral, Ihre Werte und Ihre Überzeugungen Ihre Wahrnehmung und

Meinung über diese Menschen prägen. Mit anderen Worten: Sie beobachten und bewerten sie durch Ihre kulturelle Brille.

Wenn Sie die Kultur und den Hintergrund einer anderen Person nur durch Ihre kulturelle Brille betrachten, führt dies zu Missverständnissen. Sie müssen alles loslassen, was Ihre Kultur Sie gelehrt hat, um den kulturellen Kontext dieser Person wirklich zu verstehen. Wenn Sie sich einer Kultur aus der Perspektive Ihrer Herkunft nähern, interpretieren Sie deren Kulturen und Traditionen unweigerlich auf eine Weise, die deren tatsächliche Bedeutung nicht widerspiegelt. Das kann zu Missverständnissen und der Aufrechterhaltung von negativen Stereotypen führen.

Wenn Sie beispielsweise in Ihrer Kultur Wert auf Produktivität und Pünktlichkeit legen, könnten Sie langsamere Kulturen als faul ansehen und sie entsprechend beurteilen. Möglicherweise merken Sie aber nicht, dass deren Unpünktlichkeit darauf zurückzuführen ist, dass sie dem Aufbau von Beziehungen und der Pflege von Kontakten Vorrang einräumen oder glauben, dass Unpünktlichkeit ein Zeichen dafür ist, dass man seine Bedürfnisse nicht über die anderer stellt.

Die Herausforderungen des kulturellen Kontextes

Leider sind nur wenige Menschen in der Lage, mit nonverbalen Botschaften flexibel umzugehen, insbesondere wenn sie so erzogen wurden, dass sie bestimmte Handlungen und Verhaltensweisen als respektlos oder beleidigend empfinden. Außerdem laufen nonverbale Botschaften in der Regel unbewusst ab. Sie können zwar nachdenken, bevor Sie sprechen, und die Auswirkungen Ihrer verbalen Kommunikation sorgfältig abwägen, aber das Gleiche können Sie nicht mit Ihrer Mimik, Körpersprache oder Intonation tun, was es schwierig macht, sie zu kontrollieren oder zu ändern.

Im Folgenden finden Sie einige Herausforderungen, die sich aus dem Einfluss des kulturellen Kontexts auf nonverbale Botschaften ergeben:

Unterschiede in der Gestik

Handgesten sind eine der einfachsten und schnellsten Möglichkeiten, ohne Worte zu kommunizieren. Vielen Menschen ist jedoch nicht bewusst, dass Handgesten, die sie einst für universell hielten, wie der Daumen nach oben, der in einigen Kulturen dem Mittelfinger entspricht, nicht unbedingt überall auf der Welt die gleiche Bedeutung haben. Selbst das Kopfnicken, ein Zeichen der Zustimmung, bedeutet in einigen Teilen der Welt das Gegenteil. Einige Gesten sind nur in bestimmten Kulturen bekannt.

Im Allgemeinen lassen sich Gesten in 7 Kategorien einteilen:

1. **Gesten, die signalisieren, dass Sie angekommen sind oder sich auf den Weg machen wollen:** Händeschütteln, Winken, Umarmen oder ein Kuss gehören zu den beliebtesten Gesten. Das Schlagen der Faust auf die Brust gehört zu den weniger bekannten Gesten.

2. **Gesten, die Zustimmung signalisieren:** Klatschen oder Applaudieren, Kopfnicken und Daumen hoch werden häufig verwendet, um Zustimmung zu signalisieren. Manche Menschen geben sich die Hand oder heben einfach die Arme.

3. **Gesten, die Missbilligung signalisieren:** Verschränken Sie die Arme, bewegen Sie Ihren Finger nach links und rechts, rümpfen Sie die Nase und nicken Sie mit dem Kopf nach rechts und links, um Missbilligung zu signalisieren. Gähnen, Würgen und sich die Nase zuhalten sind eher sarkastische Formen der Missbilligung und werden in der Regel als respektlos angesehen.

4. **Beispiele für profane Gesten, die andere beleidigen**, sind der Mittelfinger, das Drücken der Nase und das Schnipsen des Kinns.

5. **Gesten als Ersatz für Worte:** Den Daumen und den kleinen Finger an die Ohren halten, um ein Telefon zu imitieren, anstatt zu sagen: „Ruf mich an." Drehen Sie Ihre Handfläche nach oben und bewegen Sie Ihre Finger zu sich, anstatt zu sagen: „Komm her." Legen Sie Ihren Zeigefinger über Ihre Lippen, anstatt „Sei still" zu sagen.

6. **Gesten, um die Aufmerksamkeit von jemandem zu erregen:** Blinzeln, Händchen halten, mit den Augenlidern flattern, mit den Augenbrauen wackeln und starren, werden oft verwendet, um die Aufmerksamkeit einer anderen Person zu erregen (insbesondere zu romantischen Zwecken). Einige dieser Gesten werden jedoch in einigen Kulturen als beleidigend angesehen.

7. **Gesten, um etwas zu betonen oder zu verdeutlichen:** Fäuste ballen, mit den Fingern schnippen, mit den Schultern zucken, das Kinn streicheln und mit den Fingern trommeln vermitteln häufig bestimmte Botschaften.

Unterschiede in der Körpersprache

Die Körpersprache einer Person kann viel über ihre Persönlichkeit, ihr Engagement in einer Interaktion und ihre Gefühle verraten. Die meisten dieser Bewegungen sind natürlich und erfordern nicht viel Nachdenken. Andere Körperbewegungen sind jedoch kulturell geprägt und erfüllen bestimmte Erwartungen. Japan und Südkorea zum Beispiel sind Kulturen, die einem strengen hierarchischen System folgen und in denen Alter, sozialer Status und Beziehungen bestimmen, wie Sie mit anderen Menschen umgehen. In diesen Kulturen müssen Sie sich vor bestimmten Personen als Zeichen des Respekts verbeugen. Besonderes Augenmerk wird dabei auf den Winkel der Verbeugung, ihre Dauer und die Häufigkeit der Verbeugung gelegt.

In einigen Kulturen, insbesondere in Kulturen mit hohem Kontext, sind nonverbale Botschaften ausdrucksstärker als in anderen. Vielleicht fällt Ihnen auf, dass Italiener oder Menschen aus dem Nahen Osten mehr Gesten verwenden und mehr mit ihrem Körper sprechen als Briten oder Deutsche. Die Japaner sind sehr zurückhaltend und achten beim Sprechen auf ihren Körper. Sie achten oft darauf, nicht zu viel mit den Händen zu fuchteln oder mit dem ganzen Körper zu gestikulieren, wenn sie mit jemandem kommunizieren. Das könnte an ihrem harmoniebedürftigen Wesen liegen, das sie weniger konfrontativ und vorsichtiger macht, um niemanden zu verletzen.

Wie sie mit der Zeit umgehen

Auch das Konzept der Zeit wird von den Menschen je nach Kultur unterschiedlich betrachtet und angegangen. Einige Kulturen, die als monochron gelten, wie z.B. die Vereinigten Staaten, nehmen die Zeit als unterteilt wahr. Sie planen ihren Tag und teilen bestimmte Teile für bestimmte Aufgaben ein. Sie leben nach dem Sprichwort *Zeit ist Geld* und versuchen, diese kostbare Ressource bestmöglich zu nutzen. Sie legen großen Wert auf Effizienz, Work-Life-Balance und Pünktlichkeit. Monochrone Menschen haben eine geringe Toleranz gegenüber unpünktlichen oder langsamen Menschen und empfinden sie als unzuverlässig.

Lateinamerikanische, arabische und afrikanische Kulturen sind Beispiele für polychrone Kulturen. Diese Kulturen nehmen die Zeit als fließend und flexibel wahr. Sie fühlen sich nicht unter Druck gesetzt, ihren Tag bis zur letzten Minute zu planen und sind im Allgemeinen gelassener. Sie sind Multitasking-Talente und glauben, dass mehrere

Aktivitäten und Aufgaben gleichzeitig erledigt werden können. Polychrone Menschen sind eher intuitiv und handeln gerne, wenn sie das Gefühl haben, dass die Zeit reif ist.

Polychrone Menschen versuchen, die Zeit so zu nutzen, dass ihre Bedürfnisse und die Bedürfnisse anderer berücksichtigt werden. Sie empfinden es zum Beispiel als respektlos, ein Gespräch zu beenden, wenn die andere Person noch etwas mitzuteilen hat, selbst wenn sie noch etwas anderes zu tun hat. Einige Kulturen haben je nach Situation unterschiedliche Ansichten über die Zeit. In China ist es zum Beispiel üblich, Hochzeitsfeiern um einige Stunden zu verschieben, um auf die Verspäteten Rücksicht zu nehmen. Wenn es jedoch um arbeitsbezogene Angelegenheiten und andere wichtige Treffen geht, ist Pünktlichkeit ein Muss. Die Verwendung und Wahrnehmung von Zeit variiert je nach Umständen und Situationen in allen Kulturen erheblich.

Wie sie den Raum wahrnehmen

Der akzeptierte persönliche Freiraum unterscheidet sich von Kultur zu Kultur. In Kulturen mit hohem Kontext fühlen sich die Menschen in der Regel mit einem begrenzten persönlichen Raum bei Interaktionen wohl. In anderen Kulturen kann es unangenehm sein, wenn jemand weniger Raum einnimmt als kulturell bevorzugt. Menschen, die mehr persönlichen Freiraum brauchen, als ihre Gesellschaft normalerweise akzeptiert, werden oft als schüchtern oder kalt wahrgenommen.

Der Umgang mit Berührung

Wie verschiedene Kulturen mit dem Konzept der Berührung bei Interaktionen umgehen, hängt damit zusammen, wie sie den persönlichen Raum wahrnehmen. In kontextarmen Kulturen umarmen oder berühren sich die Menschen nur selten, es sei denn, sie stehen sich sehr nahe. Zu den Kulturen, die als berührungsarm gelten, gehören Deutschland, einige asiatische Länder, Nordamerika und England.

Andere Kulturen, wie die südeuropäischen, arabischen und südamerikanischen Länder, sind ausdrucksstärker und liebevoller und nutzen Berührungen häufig, um ihre Gefühle auszudrücken. Berührungen werden in beruflichen Beziehungen oft als normal angesehen. Kontaktkulturen fühlen sich mit weniger persönlichem Raum wohl und finden es respektvoll, Blickkontakt mit anderen zu halten.

Versehentliche Berührungen werden in Ländern ohne Kontakt anders gehandhabt. In einigen asiatischen Ländern, insbesondere in dicht besiedelten, ist man an zufällige Berührungen gewöhnt und fühlt sich nicht unbedingt beleidigt. Menschen in westlichen Kulturen fühlen sich eher irritiert oder beleidigt, wenn ein Fremder sie berührt, selbst wenn es unbeabsichtigt ist.

In einigen Kulturen halten sich heterosexuelle Männer an den Händen und begrüßen sich mit Umarmungen und Küssen als Zeichen der Freundschaft. Dieses Verhalten wird in westlichen Kulturen als sehr intim angesehen. In einigen konservativen Kulturen sind Berührungen zwischen Personen des anderen Geschlechts verpönt. Einem Kind den Kopf zu tätscheln ist in vielen Kulturen ein Zeichen von Liebe und Fürsorge. In einigen asiatischen Ländern gilt es als unangemessen, den Kopf einer Person zu berühren, da dieser als heilig gilt. Jemandem mit der linken Hand die Hand zu schütteln, wird in einigen Kulturen ebenfalls als beleidigend angesehen.

Wie das Anstarren und das Aufrechterhalten des Blickkontakts wahrgenommen wird

In westlichen Kulturen wird von den Menschen erwartet, dass sie Blickkontakt halten, wenn sie miteinander kommunizieren. Jemandem in die Augen zu schauen gilt als Zeichen der Aufmerksamkeit. Wenn Sie beim Sprechen den Blickkontakt vermeiden, könnte man Sie für unehrlich halten.

Individualistische Kulturen mit geringer Machtdistanz legen Wert auf Blickkontakt, insbesondere in romantischen Beziehungen. Wenn Sie Ihrem Partner in die Augen sehen, ist das ein Zeichen dafür, dass Sie ihn als gleichwertig betrachten. In kollektivistischen Kulturen mit hoher Machtdistanz hingegen vermeiden es Personen, die auf der sozialen Skala weiter unten stehen, ihren Vorgesetzten in die Augen zu sehen - als Zeichen des Respekts. Das Vermeiden von Blickkontakt signalisiert Demut.

Jede Kultur reagiert anders auf öffentliches Anstarren oder Betrachten. In den Vereinigten Staaten gilt es beispielsweise als unhöflich, jemanden anzustarren, aber die Chinesen tun es, wenn sie eine schöne oder exzentrische Person entdecken.

Bei der Interpretation der nonverbalen Botschaften einer Person müssen Sie eine Vielzahl von Dingen berücksichtigen, vor allem, wenn sie aus einem anderen Kulturkreis stammt. Der kulturelle Kontext spielt eine wichtige Rolle dabei, wie Menschen kommunizieren und interagieren. Jede Kultur schreibt bestimmten Handgesten und

Körperbewegungen eine eigene Bedeutung zu. Auch die Art und Weise, wie Menschen Zeit, Raum und Blickkontakt wahrnehmen, wird von ihrer Gesellschaft und ihrer Erziehung geprägt.

Kapitel 8: Intuition: Vertrauen Sie auf Ihr Bauchgefühl

Waren Sie schon einmal im Zwiespalt und haben versucht, die Körpersprache von jemandem zu entschlüsseln und herauszufinden, was sie möglicherweise bedeuten könnte? Es ist nicht ungewöhnlich, dass man sich auf seine Intuition oder sein Bauchgefühl verlässt, um nonverbale Botschaften zu deuten. Aber was sind diese

Intuition ist ein Prozess in der menschlichen Natur.[8]

Instinkte, und wie funktionieren sie? Das Verständnis der Intuition kann ein wichtiges Instrument sein, um die Kommunikation und die Beziehungen zu verbessern. In diesem Kapitel erfahren Sie, wie wichtig Intuition ist, wie man sie interpretiert und wie man sie mit rationalem Denken kombiniert. Lassen Sie uns also eintauchen und die Geheimnisse der menschlichen Intuition entschlüsseln.

Was ist Intuition?

Intuition ist ein komplexer kognitiver Prozess, der tief in der menschlichen Natur verankert ist. Sie bezieht sich auf die Fähigkeit eines Menschen, Informationen so wahrzunehmen, zu verstehen und zu interpretieren, dass dies mühelos, automatisch und spontan erscheint. Intuition wird oft als Ahnung, Bauchgefühl oder sechster Sinn bezeichnet und wird in der Regel als schnelles und effektives kognitives Werkzeug zur Entscheidungsfindung wahrgenommen.

Die wissenschaftliche Untersuchung der Intuition legt nahe, dass es sich um eine komplexe Mischung aus verschiedenen kognitiven Prozessen handelt, einschließlich, aber nicht beschränkt auf Wahrnehmung, Gedächtnis, Aufmerksamkeit und Problemlösung. Intuition ist ein unbewusster mentaler Prozess, der außerhalb Ihres Bewusstseins abläuft, aber Ihr Verhalten und Ihr Urteilsvermögen maßgeblich beeinflusst.

Intuition kann durch Übung und Erfahrung entwickelt und verfeinert werden. Die Intuition von Experten ist das Ergebnis jahrelanger bewusster Übung und Ausbildung in bestimmten Bereichen. Erfahrene Schachspieler können zum Beispiel Muster schneller und genauer erkennen als Anfänger und können so bessere und schnellere Entscheidungen treffen.

Intuition wird von Faktoren wie z.B. Emotionen beeinflusst und gilt als eine emotionale Reaktion, die durch äußere Reize ausgelöst wird. In manchen Fällen kann Intuition zu Verzerrungen oder Fehleinschätzungen führen, insbesondere wenn sie durch persönliche Überzeugungen oder frühere Erfahrungen beeinflusst wird. Die Forschung legt jedoch nahe, dass Intuition durch Techniken wie Achtsamkeitsmeditation verbessert werden kann, die die Selbstwahrnehmung und die Klarheit der Gedanken fördern.

Wie funktioniert Intuition?

Intuition ist ein faszinierendes Phänomen des menschlichen Geistes, das es ermöglicht, Entscheidungen zu treffen, Probleme zu lösen und Informationen zu interpretieren, ohne bewusst zu denken. Sie ist ein nicht-linearer, nicht-rationaler und nicht-verbaler Prozess, der spontan und oft unbewusst abläuft und sich auf frühere Erfahrungen, Fachwissen, Gefühle und Wahrnehmungen stützt. Intuition ist keine übernatürliche

Kraft, sondern vielmehr eine angeborene Fähigkeit, die in jedem Menschen vorhanden ist und durch Übung und Training verbessert werden kann.

Das Wesen der Intuition liegt in der Verarbeitung von implizitem Wissen - den Informationen, derer sich eine Person nicht bewusst ist, die aber im Gedächtnis gespeichert sind und das Verhalten und die Beurteilung auf subtile und komplexe Weise beeinflussen. Dieses implizite Wissen wird durch Lebenserfahrungen, Bildung, Erziehung, Kultur und Umwelt erworben und kann vom Unterbewusstsein abgerufen und genutzt werden, um Menschen in verschiedenen Kontexten zu leiten.

Eines der natürlichsten Beispiele für Intuition ist das Bauchgefühl oder die Intuition, die man oft verspürt, wenn man vor einer Entscheidung oder einem Problem steht. Es ist ein plötzliches und unerklärliches Gefühl, dass etwas richtig oder falsch, gut oder schlecht ist, ohne logische oder rationale Rechtfertigung. Stellen Sie sich zum Beispiel vor, Sie führen ein Vorstellungsgespräch mit einem Bewerber für eine Stelle und eine Stimme in Ihrem Kopf sagt Ihnen, dass diese Person ohne greifbare Beweise oder Gründe nicht vertrauenswürdig ist. Sie können dieses Gefühl ignorieren und den Kandidaten einstellen, oder Sie folgen Ihrer Intuition und lehnen die Bewerbung ab. Später stellen Sie vielleicht fest, dass die Person eine Vorgeschichte von Betrug oder Unehrlichkeit hat und Ihre Intuition richtig war.

Ein weiteres Beispiel für Intuition ist die fachliche Entscheidungsfindung, die sich auf das umfangreiche Wissen und die Fähigkeiten stützt, die Experten auf ihrem jeweiligen Gebiet erworben haben. Experten treffen ihre Entscheidungen oft intuitiv auf der Grundlage ihres ganzheitlichen Verständnisses der Situation, der Mustererkennung und des induktiven Denkens. Ein Arzt zum Beispiel diagnostiziert die Krankheit eines Patienten anhand von Symptomen, die scheinbar nichts mit der Krankheit zu tun haben, aber ein charakteristisches Muster aufweisen, das nur der Experte erkennen kann. In ähnlicher Weise machen Schachspieler intuitiv einen Zug auf der Grundlage ihrer Erfahrung und Intuition, anstatt mögliche Züge logisch zu berechnen.

Intuition kann durch emotionale Hinweise funktionieren, die subtilen Signale, die der emotionale Zustand an den bewussten Verstand sendet. Emotionen sind eine wichtige Quelle für Informationen und Feedback und vermitteln wertvolle Botschaften über Sie und Ihre Umgebung. Wenn Sie zum Beispiel zum ersten Mal jemandem begegnen, können Sie anhand des Tonfalls, der Körpersprache und des Gesichtsausdrucks intuitiv erkennen, ob die Person freundlich oder feindselig ist. Diese emotionalen Anhaltspunkte aktivieren Ihre Intuition und ermöglichen eine schnelle Bewertung der Situation, bevor das logische Gehirn die Kontrolle übernimmt.

Die Intuition funktioniert auch, indem sie unbewusste Voreingenommenheit und Vorurteile auslöst und Ihre Wahrnehmung und Ihr Urteil durch eine Heuristik oder eine mentale Abkürzung beeinflusst. Ihre Voreingenommenheit ist ein automatischer und unbewusster mentaler Prozess, der Menschen, Objekte und Situationen auf der Grundlage Ihrer Vorurteile und Stereotypen kategorisiert und bewertet. Wenn Sie beispielsweise eine Person sehen, die einen Geschäftsanzug trägt, nehmen Sie vielleicht an, dass diese Person erfolgreich, kompetent und sachkundig ist, auch wenn Sie keine Beweise für Ihr Urteil haben. Ihre Intuition verlässt sich auf diese Vorurteile und Stereotypen, um eine schnelle Entscheidung oder ein Urteil zu fällen, auch wenn es vielleicht nicht genau oder fair ist.

Intuition ist ein komplexer und vielschichtiger Prozess, der implizites Wissen, Fachwissen, Emotionen, Vorurteile und Heuristiken umfasst. Sie ist ein leistungsfähiges Instrument, das die Kreativität, die Problemlösungsfähigkeit und die Entscheidungsfindung verbessern kann, aber sie hat auch Grenzen und Risiken. Um die Intuition effektiv zu entwickeln, müssen Sie sich Ihrer Voreingenommenheit und Vorurteile bewusst sein, Annahmen und Überzeugungen hinterfragen und die Intuition mit bewussten Überlegungen und kritischem Denken ausgleichen. Intuition ist kein Ersatz für Rationalität oder evidenzbasiertes Denken, sondern vielmehr eine Ergänzung, die Ihre Perspektiven erweitert und Ihr Leben bereichert.

Die Bedeutung der Intuition beim Verstehen der Körpersprache einer Person

Die Körpersprache ist von entscheidender Bedeutung, wenn es darum geht, die zugrundeliegende Bedeutung von Gesprächen in der menschlichen Interaktion zu interpretieren. Die Art und Weise, wie Menschen sich positionieren, bewegen und ausdrücken, beeinflusst, wie andere sie wahrnehmen. Daher ist das Lesen der Körpersprache eine wesentliche Fähigkeit für jeden, der ein effektiver Kommunikator oder Verhandlungspartner sein möchte. Ein weiterer Aspekt, der beim Verständnis der Körpersprache oft übersehen wird, ist die Intuition.

Intuition ist eine angeborene Fähigkeit, die jeder Mensch besitzt. Es handelt sich um eine instinktive Erkenntnis, mit der Sie auf der Grundlage subtiler Signale schnelle Urteile über Menschen oder Situationen fällen können. Die Intuition hilft Ihnen, Ihre Umgebung leichter und schneller zu interpretieren, auch wenn Ihnen nicht alle Fakten oder Informationen vorliegen. Beim Lesen der Körpersprache ist die Intuition ein mächtiges Werkzeug, um besser zu verstehen, was hinter den gesprochenen Worten geschieht.

Ein Grund, warum Intuition beim Entschlüsseln der Körpersprache so wichtig ist, liegt darin, dass die Signale, die Sie über die Körpersprache aufnehmen, oft subtil und manchmal unbewusst sind. Es kann schwierig sein, diese Signale ohne die Hilfe der Intuition zu deuten, da sie dem bewussten Ich vielleicht nicht sofort auffallen. Sie bemerken zum Beispiel, dass jemand die Arme verschränkt oder den Blickkontakt vermeidet. In sozialen Situationen kann die Intuition helfen, subtile Signale wie Unbehagen oder Rückzug zu entschlüsseln.

Darüber hinaus hilft Ihnen die Intuition zu erkennen, wenn etwas in der Körpersprache einer Person nicht stimmt oder inkonsistent ist, selbst wenn diese Person versucht, sich zu verstellen. Ein Beispiel: Jemand behauptet, er sei vollkommen glücklich und entspannt, aber seine Körperhaltung oder sein subtiler Gesichtsausdruck lassen etwas anderes vermuten. Ihre Intuition kann Ihnen helfen, diese Ungereimtheiten zu erkennen und möglicherweise Hintergedanken oder versteckte Absichten aufzudecken.

Eine weitere wichtige Rolle der Intuition beim Lesen der Körpersprache ist, dass sie hilft, die Signale persönlich zu interpretieren. Bei einigen universellen körpersprachlichen Hinweisen, die die meisten Menschen zeigen, beeinflusst der Kontext die Bedeutung. Ein Beispiel: Eine Person, die auf ihrem Stuhl herumzappelt, kann je nach den Umständen Unruhe, Nervosität oder Aufregung signalisieren. Die Intuition kann helfen, die jeweilige Person oder Situation zu berücksichtigen, um die Signale genauer zu interpretieren.

Die Intuition beim Lesen der Körpersprache kann aus einer kulturellen Perspektive beleuchtet werden. Verschiedene Kulturen interpretieren die Körpersprache unterschiedlich. So kann beispielsweise eine Geste, die in einem Land Dankbarkeit signalisiert, in einem anderen Land unhöflich sein. Es ist also von entscheidender Bedeutung, die Kultur zu verstehen und zu berücksichtigen, wenn Sie körpersprachliche Hinweise in unbekannten Kontexten lesen. Ihre Intuition kann Ihnen dabei helfen, nonverbale Botschaften in der kulturübergreifenden Kommunikation richtig zu deuten.

Die Intuition ist ein wichtiges Hilfsmittel bei der Interpretation von körpersprachlichen Hinweisen. Sie zapft die subtilen, unbewussten Signale an, die Menschen aussenden, personalisiert die Interpretationen und erkennt Ungereimtheiten in den Äußerungen der Menschen. Obwohl die Körpersprache kein sicherer Prädiktor für Verhalten oder Motivationen ist, kann sie in Verbindung mit Intuition die Genauigkeit der Erkenntnisse erheblich verbessern. Die Entwicklung von Intuition bei der Interpretation von Körpersprache ist ein allmählicher Prozess, bei dem Sie bewusst körpersprachliche Hinweise wahrnehmen und Ihre Interpretation überprüfen. Wie Malcolm Gladwell treffend sagte: „Intuition ist keine magische Eigenschaft, die unaufgefordert aus den Tiefen unseres Verstandes aufsteigt. Sie ist ein Produkt langer Arbeitsstunden, intelligenter Planung, bedeutungsvoller Arbeitsumgebungen und bestimmter Regeln und Prinzipien." Bemühen Sie sich also, Ihre Intuition kontinuierlich weiterzuentwickeln, und sie wird sich in Ihren sechsten Sinn verwandeln, der die Geheimnisse der Körpersprache lüftet.

Die Rolle der unterbewussten Verarbeitung und emotionaler Hinweise bei der intuitiven Entscheidungsfindung

Die unterbewusste Verarbeitung bei der intuitiven Entscheidungsfindung ist wichtig für die schnelle Verarbeitung großer Informationsmengen, die andernfalls langwierige Analysen oder Überlegungen erfordern würden. Das Gehirn kann viel mehr Daten aufnehmen, als Sie sich jemals bewusstmachen könnten, und die unbewusste Sortierung dieser Daten ermöglicht schnelle und präzise Entscheidungen. Wenn Sie zum Beispiel Auto fahren, verarbeitet Ihr Gehirn gleichzeitig die Geschwindigkeitsbegrenzungen, die anderen Fahrer um Sie herum, die Baustellenschilder und die Straßenverhältnisse, während Sie sich nur auf das Lenken konzentrieren. Diese automatische Verarbeitung geschieht ohne aktive Anstrengung Ihrerseits, ermöglicht es Ihnen aber, Entscheidungen zu treffen und sicher zu fahren.

Gleichzeitig spielen Emotionen bei der intuitiven Entscheidungsfindung eine wichtige Rolle. Ohne sich dessen bewusst zu sein, kodiert und dekodiert das emotionale Gehirn ständig Signale aus Ihrer Umgebung. So nehmen Sie unbewusst Warnzeichen oder subtile Hinweise auf, die Ihnen bei Ihrer Entscheidung helfen, ohne dass Sie bewusst alle relevanten Faktoren berücksichtigen. Nehmen wir zum Beispiel an, Sie betreten einen Raum, der sich angespannt oder unbehaglich anfühlt. In diesem Fall sendet Ihnen Ihr Körper instinktiv Signale, die darauf hinweisen, dass etwas nicht stimmt, ohne dass bewusste Denkprozesse erforderlich sind. Ihre Intuition schaltet sich ein und hilft Ihnen bei der Entscheidungsfindung, indem sie Ihnen ein klares Signal sendet, die Situation zu verlassen, auch wenn es keine offensichtlichen äußeren Anzeichen einer Gefahr gibt.

Neben der unterbewussten Verarbeitung und emotionalen Hinweisen kann die Intuition auch durch persönliche Erfahrungen und die Geschichten, die Sie sich selbst erzählen, beeinflusst werden. Frühere Erfahrungen prägen Ihre Entscheidungen. Ebenso können Sie mit Hilfe innerer Erzählungen unbewusst interpretieren, was um Sie herum geschieht, und Ihre intuitive Entscheidungsfindung beeinflussen. Nehmen wir zum Beispiel an, Sie überlegen, ob Sie ein bestimmtes Stellenangebot annehmen sollen. Ihre bisherigen Erfahrungen könnten Sie zu der einen oder anderen Entscheidung veranlassen, aber auch die Vorstellungen, die Sie sich über die Stelle oder sich selbst machen.

Wenn Sie verstehen, wie die unterbewusste Verarbeitung und emotionale Hinweise Ihre intuitive Entscheidungsfindung beeinflussen, können Sie genauere Entscheidungen treffen, ohne sich zu sehr auf Ihr bewusstes Denken zu verlassen. Wenn Sie verstehen, wie das Gehirn Informationen verarbeitet und auf Umweltreize reagiert, können Sie besser verstehen, warum sich bestimmte Entscheidungen richtig anfühlen, und fundiertere Entscheidungen treffen, um Ihre Ziele zu erreichen. Dieses Wissen kann unglaublich nützlich sein, wenn es darum geht, wichtige Entscheidungen im Leben zu treffen oder komplexe Situationen zu meistern, ohne viel Zeit damit zu verbringen, jedes Detail zu analysieren.

Letztlich beinhaltet Intuition eine unterbewusste Verarbeitung und emotionale Hinweise, die Ihre intuitive Entscheidungsfindung beeinflussen. Indem Sie diese Prozesse besser verstehen, lernen Sie, Ihrem Bauchgefühl mehr zu vertrauen und zu einem klügeren Entscheidungsträger zu werden.

Intuition und rationales Denken kombinieren

Intuition und rationales Denken spielen beim Lesen der Körpersprache eine große Rolle. Während rationales Denken Ihnen helfen kann, Kontextinformationen zu lesen und Fragen schnell zu beantworten, hilft Ihnen die Intuition, subtile Nuancen in der Körpersprache zu erkennen, die Ihnen sonst entgehen würden. Beide zusammen können nonverbale Kommunikation effektiv entschlüsseln und genaue Urteile über deren Bedeutung abgeben.

Intuition ist ein mächtiges Werkzeug, das Ihnen hilft, subtile Hinweise zu erkennen, die nicht sofort offensichtlich sind. Sie ermöglicht es Ihnen, Ihr inneres Wissen anzuzapfen und schnelle Einschätzungen auf der Grundlage Ihrer Instinkte vorzunehmen. Sie könnten zum Beispiel ein Bauchgefühl haben, dass jemand unaufrichtig ist oder etwas verheimlicht, auch wenn seine Worte und Handlungen etwas anderes vermuten lassen.

Sich ausschließlich auf die Intuition zu verlassen, kann jedoch problematisch sein, da sie subjektiv und anfällig für Verzerrungen ist. Frühere Erfahrungen und persönliche Überzeugungen können die Interpretation der Körpersprache beeinflussen und zu ungenauem Lesen führen. Daher ist rationales Denken äußerst sinnvoll.

Intuition ist relevant, da sie Ihnen hilft, subtile Hinweise zu erkennen, die dem rationalen Denken entgehen könnten. Zum Beispiel zeigt die Körpersprache einer Person Anzeichen von Angst, wie Zappeln, Schwitzen und Vermeiden von Blickkontakt, aber ihr Gesichtsausdruck könnte entspannt wirken. In diesem Fall ist die Intuition unerlässlich, um die Gefühle einer Person richtig zu beurteilen. Sie wird Ihnen nicht unbedingt die exakte Antwort geben, aber sie wird Sie dabei unterstützen, eine angemessene Entscheidung zu treffen.

Rationales Denken ist notwendig, um die Körpersprache zu lesen. Außerdem kann es helfen, die durch Intuition gesammelten Daten zu verstehen und auf ihre Bedeutung zu schließen. Rationales Denken nutzt logische Schlussfolgerungen und objektive Beobachtungen, um die Körpersprache zu bewerten. Wenn Sie Ihre Intuition mit rationalem Denken kombinieren, können Sie unter Berücksichtigung von emotionalen Hinweisen und kalten, harten Fakten eine umfassendere Bewertung vornehmen. Nehmen wir zum Beispiel an, jemand sitzt starr mit verschränkten Armen da und vermeidet den Blickkontakt. In diesem Fall sagt Ihnen das rationale Denken, dass er sich unwohl oder wütend fühlt. Dies könnte durch andere Hinweise wie den Tonfall, den Gesichtsausdruck oder die Wortwahl bestätigt werden.

Die Kombination von intuitivem und rationalem Denken beim Lesen der Körpersprache ist von Vorteil, um zu verstehen, was eine andere Person nonverbal vermittelt. Der Schlüssel liegt darin, sich bewusst und unbewusst der Zeichen bewusst zu sein, um sie genau zu entschlüsseln, selbst in schwierigen Gesprächen. Außerdem gibt die Körpersprache nicht unbedingt das gesamte Bild wieder. Sie sollte zusammen mit anderen Kommunikationsformen, wie der mündlichen oder schriftlichen Kommunikation, verwendet werden, um die Situation besser zu verstehen.

Nehmen Sie sich also jeden Tag die Zeit, die Menschen um Sie herum zu beobachten und Ihre Fähigkeit zu trainieren, die Körpersprache zu lesen.

Um Intuition und rationales Denken in Aktion zu erleben, stellen Sie sich das folgende Szenario vor. Sie führen ein Vorstellungsgespräch mit einem potenziellen Stellenbewerber, der zwar selbstbewusst und kompetent wirkt, dessen Körpersprache Sie jedoch beunruhigt. Ihre Intuition sagt Ihnen, dass etwas nicht stimmt, aber Sie sind sich nicht sicher, was es genau ist.

Anstatt Ihr Bauchgefühl zu verwerfen, nehmen Sie sich einen Moment Zeit, um die Situation objektiver zu analysieren. Sie betrachten die Körpersprache des Gesprächspartners genauer und bemerken bestimmte Verhaltensweisen, die Ihre Intuition bestätigen. Sie könnten zum Beispiel feststellen, dass er wiederholt die Beine übereinander schlägt oder zappelt, was darauf hindeutet, dass er nervös ist oder sich unwohl fühlt.

Auf der Grundlage dieser umfassenderen Einschätzung stellen Sie eine Folgefrage, die es dem Bewerber ermöglicht, einen bestimmten Aspekt seiner Erfahrung zu erläutern. Diese zusätzlichen Informationen tragen dazu bei, Ihr Bauchgefühl zu erhellen und bestätigen Ihre Intuition, dass der Kandidat nicht die beste Besetzung für die Stelle ist.

In diesem Szenario haben Sie durch die Kombination von Intuition und rationalem Denken die Körpersprache des Bewerbers genauer gelesen und eine fundiertere Entscheidung getroffen. Sie haben Ihr inneres Wissen angezapft und gleichzeitig Ihre Intuition durch logisches Denken und objektive Beobachtungen untermauert.

Ein weiteres Beispiel für die Anwendung dieser Kombination sind soziale Interaktionen. Sie besuchen eine Party und lernen jemanden kennen. Derjenige scheint freundlich und einnehmend zu sein, aber etwas an seiner Körpersprache lässt Sie an seiner Aufrichtigkeit zweifeln. Ihre Intuition sagt Ihnen, dass etwas nicht stimmt, aber Sie sind sich nicht genau sicher, was es ist.

Anstatt Ihre Intuition zu ignorieren, nehmen Sie sich einen Moment Zeit, um die Körpersprache der Person genauer zu beobachten. Achten Sie auf bestimmte Verhaltensweisen, die Ihre Intuition bestätigen, und notieren Sie Ungereimtheiten im Verhalten der Person. Zum Beispiel könnte Ihnen auffallen, dass die Person den Blickkontakt länger aufrechterhält, als es ihr angenehm ist, oder dass sie zu nahe steht.

Sie nehmen bestimmte Verhaltensweisen wahr, die gegen soziale Normen oder persönliche Grenzen verstoßen, indem Sie die Situation objektiv analysieren. Diese Erkenntnis hilft Ihnen zu entscheiden, wie Sie mit dieser Person weiter interagieren. Sie könnten das Gespräch höflich beenden oder sich aus der Situation herausreden.

Beim Lesen der Körpersprache kann Ihre Intuition manchmal Ihr bester Freund sein. Es gibt jedoch auch Momente, in denen das alleinige Verlassen auf Ihre Intuition zu Fehlinterpretationen und Missverständnissen führen kann. Daher ist es wichtig, Ihre Intuition mit rationalem Denken zu kombinieren, um die Körpersprache richtig einzuschätzen.

Die Kombination von Intuition und rationalem Denken ist entscheidend für das genaue Lesen der Körpersprache. Intuition kann ein mächtiges Werkzeug sein, aber es ist wichtig, sich auf logische Überlegungen und objektive Beobachtungen zu verlassen, um subjektive Interpretationen zu vermeiden. Wenn Sie die Körpersprache besser einschätzen können, sind Sie besser in der Lage, fundierte Entscheidungen zu treffen und sich in sozialen Situationen sicherer zu bewegen.

Tipps, um Ihre Intuition zu nutzen

- **Selbsterkenntnis:** Lernen Sie sich selbst besser kennen. Nehmen Sie sich Zeit, Ihre Gedanken und Gefühle zu beobachten und darüber nachzudenken, wie Sie auf die Welt um Sie herum reagieren. Achten Sie auf körperliche Empfindungen in Ihrem Körper, die auf Anspannung oder Angst während einer wichtigen Entscheidung oder eines Gesprächs hinweisen könnten. Es ist wichtig, mögliche emotionale Auslöser zu kennen, um zu verhindern, dass sie Sie überwältigen und Ihr Urteilsvermögen trüben.

- **Achtsamkeit:** Sie können sich in Achtsamkeit üben, indem Sie meditieren, Yoga machen oder einfach nur jeden Tag ein paar Minuten still dasitzen und sich auf Ihren Atem konzentrieren, wie er in Ihre Lungen ein- und ausströmt. Das wird Ihnen helfen, sich zu beruhigen und leichter Zugang zu Ihrer Intuition zu finden. So können Sie sich Ihres Körpers bewusster werden, so dass Sie in einer bestimmten Situation instinktiv wissen, wie Sie reagieren müssen, ohne zu viel darüber nachzudenken.

- **Lernen Sie von anderen:** Die Beobachtung der Körpersprache anderer kann Ihnen wertvolle Einsichten vermitteln und Ihnen helfen, deren Gefühle besser zu verstehen. Achten Sie auf Mimik, Gestik und Körperhaltung. Diese Signale können darauf hinweisen, ob jemand aufrichtig oder betrügerisch ist. Ziehen Sie im Umgang mit Menschen keine voreiligen Schlüsse aus dem, was sie sagen oder tun. Achten Sie stattdessen darauf, was die Körpersprache Ihnen verrät.

- **Hören Sie aufmerksam zu:** Aufmerksames Zuhören bedeutet, dass Sie genau auf die Worte, den Tonfall und den Kontext eines Gesprächs achten. So können Sie die versteckten Bedeutungen hinter den Worten Ihres Gesprächspartners erfassen und seine wahren Gefühle erkennen.

- **Tagebuch führen:** Das Aufschreiben Ihrer Gedanken und Gefühle ist eine gute Möglichkeit, sich mit dem zu verbinden, was in Ihrem Inneren vor sich geht. Es klärt verwirrende Entscheidungen und ermöglicht es Ihnen, bessere Entscheidungen zu treffen, wenn Sie auf Ihr Bauchgefühl vertrauen.

- **Achten Sie auf Ihre Träume:** Träume mögen willkürlich oder losgelöst von der Realität erscheinen, aber sie enthalten wertvolle Hinweise auf Intuition, Körpersprache und Emotionen, derer Sie sich nicht bewusst sind. Legen Sie ein Traumtagebuch neben Ihr Bett, um Erkenntnisse oder Botschaften aus Ihren Träumen festzuhalten. So können Sie sich selbst besser verstehen und fundierte Entscheidungen treffen.

- **Vertrauen Sie auf Ihre Instinkte:** Wenn Sie vor einer schwierigen Entscheidung oder Situation stehen, vertrauen Sie auf Ihre Instinkte und scheuen Sie sich nicht, entsprechend zu handeln. Oft zweifeln Menschen an sich selbst und ignorieren ihr Bauchgefühl, was zu Reue führt. Beurteilen Sie stattdessen die Situation mit Hilfe aller genannten Hilfsmittel, hören Sie auf Ihre Intuition und handeln Sie entsprechend.

- **Praktizieren Sie Selbstpflege:** Achten Sie auf sich selbst, denn nur so können Sie Ihre Intuition effektiv nutzen und die Körpersprache anderer richtig verstehen. Gönnen Sie sich ausreichend Ruhe, essen Sie gesund, treiben Sie regelmäßig Sport und finden Sie Wege zur Entspannung, z.B. durch Aufenthalte in der Natur oder kreative Aktivitäten. Das hilft Ihnen, Körper und Geist ins Gleichgewicht zu bringen, was der Schlüssel für intuitive Entscheidungen ist.

Wenn Sie diese Tipps in Ihr tägliches Leben integrieren, werden Sie besser in der Lage sein, auf Ihre Intuition zuzugreifen, die Körpersprache anderer zu verstehen und sichere Entscheidungen zu treffen. Denken Sie daran, dass es wichtig und notwendig ist, auf Ihr Bauchgefühl zu vertrauen, um weise Entscheidungen zu treffen und im Leben voranzukommen. Scheuen Sie sich also nicht, Risiken einzugehen; es könnte Sie zum Erfolg führen.

Kapitel 9: Anwenden Ihres Wissens

Die Körpersprache ist ein wichtiger Aspekt der Kommunikation, der meist unterschätzt und sogar vernachlässigt wird. Nonverbale Kommunikation vermittelt Einstellungen, Absichten und Emotionen. In diesem Buch haben Sie bereits die verschiedenen Komponenten der Körpersprache kennengelernt und erfahren, wie ein richtiges Verständnis ihrer Verwendung zu einem besseren Verständnis des menschlichen Verhaltens führt.

Die Körpersprache ist ein wichtiger Aspekt der Kommunikation.[9]

Dieses letzte Kapitel konzentriert sich auf die praktische Anwendung der körpersprachlichen Kompetenzen. Sie werden dabei unterstützt, die gelernten körpersprachlichen Kompetenzen in Ihren Beziehungen, am Arbeitsplatz und in sozialen Situationen anzuwenden. Sie erhalten Tipps und Strategien, um Ihre Kommunikation zu verbessern, stärkere Beziehungen aufzubauen und Einblicke in das menschliche Verhalten zu gewinnen, indem Sie Ihre Kenntnisse der Körpersprache anwenden.

Verstehen der Körpersprache am Arbeitsplatz

Jeder erfolgreiche Arbeitsplatz basiert auf effektiver Kommunikation. Sie fördert die Zusammenarbeit und baut gesunde Beziehungen auf, um die Produktivität zu steigern. Dennoch ist der verbale Austausch nur eine Form der Kommunikation. Bei der Übermittlung von Informationen zur Gewährleistung einer effektiven Kommunikation ist die Körpersprache entscheidend.

Sie können nonverbale Botschaften Ihrer Kollegen, Vorgesetzten und Untergebenen besser erfassen, wenn Sie lernen, die Körpersprache am Arbeitsplatz zu lesen und zu verstehen. Das Lesen und Verstehen von visuellen Hinweisen verbessert Ihre Fähigkeit, bei der Arbeit Kontakte zu knüpfen und sich einzubringen, um die Gefühle und Gedanken anderer besser zu verstehen.

Warum ist Körpersprache am Arbeitsplatz wichtig?

Das Verstehen der Körpersprache am Arbeitsplatz ist aus folgenden Gründen wichtig:

Vermittelt Emotionen und Haltungen

Sie können die Emotionen, Absichten und Einstellungen einer Person erkennen, wenn Sie wissen, wie Sie ihre Körpersprache lesen können. Ein Lächeln kann zum Beispiel Freundlichkeit und Offenheit ausdrücken, während verschränkte Arme auf eine abwehrende Haltung hindeuten können.

Verbessert die Kommunikation

Nonverbale Botschaften unterstützen die verbale Kommunikation, indem sie die Bedeutung des Gesagten verdeutlichen und einen Zusammenhang herstellen. Ein Nicken kann zum Beispiel bedeuten, dass Sie zustimmen, während eine gerunzelte Stirn Verwirrung oder

Missbilligung ausdrücken kann.

Fördert Beziehungen

Mit Hilfe der Körpersprache können Sie Beziehungen und Vertrauen zu Ihren Mitarbeitern, Kunden und Auftraggebern aufbauen. Sie können einen guten Eindruck hinterlassen und Beziehungen aufbauen, indem Sie Blickkontakt halten, offene Gesten verwenden und Interesse zeigen.

Beeinflusst die Wahrnehmung

Mit nonverbalen Botschaften können Sie beeinflussen, wie andere Sie sehen. Wenn Sie die Schultern hängen lassen oder den Blickkontakt vermeiden, kann das bedeuten, dass Sie unsicher sind oder kein Selbstvertrauen haben. Ebenso können ein autoritäres Auftreten, ein fester Händedruck und selbstbewusste Gesten anderen vermitteln, dass Sie kompetent sind und die Kontrolle haben.

Wie Sie Körpersprache am Arbeitsplatz lesen und interpretieren können

Nachdem Sie sich mit den Grundlagen der Körpersprache vertraut gemacht haben, sollten Sie als Nächstes üben, nonverbale Botschaften in formellen Situationen zu deuten und darauf zu reagieren. Beherzigen Sie die folgenden Ratschläge, um zu lernen, Körpersprache am Arbeitsplatz zu lesen und zu deuten:

Beobachten Sie

Beobachten ist der erste Schritt, um zu lernen, die Körpersprache einer Person bei der Arbeit zu lesen. Sie sollten sich auf die Gesten, die Körperhaltung und die Mimik der Person konzentrieren.

Hier sind einige nützliche Tipps, auf die Sie achten sollten:

- **Gesten:** Die Hand- und Armbewegungen einer Person können Ängstlichkeit, Aufregung oder Begeisterung verraten. Achten Sie im Büro auf das Klopfen, Zucken oder Verschränken der Arme.

- **Körperhaltung:** Eine Person kann durch ihre Körperhaltung Zuversicht oder Unbehagen zeigen. Beobachten Sie Ihre Kollegen. Sitzen sie mit gebeugtem Rücken oder stehen sie aufrecht mit zurückgenommenen Schultern?

- **Gesichtsausdruck**: An der Mimik einer Person können Sie viel über ihre Gefühle ablesen. Achten Sie auf Menschen mit hochgezogenen Augenbrauen, finsterem Blick, Lächeln oder zusammengekniffenen Augen.

Sie haben zum Beispiel beobachtet, dass ein Kollege während eines Meetings keinen Blickkontakt herstellt. Diese Körpersprache zeigt, dass die Person entweder nervös ist oder sich in einer bestimmten Situation unwohl fühlt.

Bringen Sie es in den richtigen Kontext.

Die Kontextualisierung ist der zweite Schritt zum Verständnis der Körpersprache. Berücksichtigen Sie die Umstände des Ereignisses und die Handlungen der Person während des Ereignisses. Bei der Kontextualisierung müssen Sie Folgendes berücksichtigen:

- **Persönliche Gewohnheiten**: Die Körpersprache kann durch das normale Verhalten einer Person beeinflusst werden. Achten Sie auf das normale Verhalten der Person und darauf, wie es sich von ihren aktuellen Handlungen unterscheidet.

- **Umgebung**: Die Körpersprache einer Person kann von ihrer unmittelbaren Umgebung beeinflusst werden. Prüfen Sie, ob die Person sich in einer angenehmen oder unangenehmen Umgebung befindet.

- **Kulturelle Normen**: Die Körpersprache kann in verschiedenen Kulturen auf unterschiedliche Weise kommunizieren. Behalten Sie diese Unterschiede im Hinterkopf und passen Sie Ihr Verständnis gegebenenfalls an.

Ein Beispiel: Sie sehen, dass sich Ihr Kollege in einer Besprechung unangemessen verhält. Da Sie wissen, dass er ein selbstbewusster und ansprechender Typ ist, werden Sie schnell bemerken, dass mit ihm etwas nicht stimmt, denn das ist nicht sein üblicher Modus Operandi.

Verhaltensmuster

Dies ist die dritte Phase bei der Interpretation der Körpersprache. Anstatt sich auf bestimmte Zeichen zu konzentrieren, suchen Sie nach Verhaltensmustern. Hier sind ein paar Dinge, an die Sie denken sollten:

- **Wiederholungen**: Wenn die Person ein Verhalten wiederholt, wie z.B. das Verschränken der Arme oder das Streicheln des Gesichts, könnte dies auf einen ernsteren emotionalen Zustand hindeuten.

- **Übereinstimmungen:** Stimmen die verbale und nonverbale Kommunikation der Person überein? Wenn nicht, achten Sie auf Ungereimtheiten.

- **Timing:** Achten Sie auf die einzelnen Handlungen der Person. Beantwortet sie eine bestimmte Frage oder ein bestimmtes Thema?

Ein Beispiel: Während Sie an Ihrem Arbeitsplatz ein bestimmtes Projekt besprechen, bemerken Sie, dass Ihr Kollege sich zunehmend unruhig verhält, z. B. wiederholt die Arme verschränkt und den Blickkontakt vermeidet. Dieses Verhalten kann darauf hindeuten, dass er sich unwohl fühlt oder nicht mit dem besprochenen Thema einverstanden ist.

Vermeiden Sie Annahmen

Der vierte Schritt zum Verständnis der Körpersprache ist die Vermeidung von Annahmen. Um Annahmen zu vermeiden, müssen Sie unvoreingenommen bleiben und keine vorschnellen Urteile fällen, da nonverbale Zeichen missverstanden werden können.

- **Achten Sie auf den Kontext:** Vergewissern Sie sich, dass Sie den Kontext der Angelegenheit verstanden haben, bevor Sie Vermutungen äußern. Stellen Sie Fragen, wenn Sie weitere Informationen benötigen.

- **Suchen Sie nach zusätzlichen Hinweisen:** Achten Sie auf die Worte und den Tonfall des Sprechers. Sie sollten sich nicht nur auf nonverbale Anhaltspunkte verlassen.

- **Ziehen Sie mehrere Interpretationen in Betracht:** Ziehen Sie andere Bedeutungen in Betracht, die eine nonverbale Botschaft vermitteln könnte.

Wenn Ihr Kollege zum Beispiel während eines Meetings keinen Blickkontakt herstellt, könnten Sie annehmen, dass er sich langweilt oder uninteressiert ist. Nachdem Sie jedoch verschiedene Erklärungen in Betracht gezogen und nach weiteren Hinweisen gesucht haben, stellen Sie fest, dass er sich einfach nicht wohl fühlt.

Selbstwahrnehmung

Die Selbstwahrnehmung ist der letzte Schritt beim Lesen der Körpersprache. Achten Sie auf Ihre nonverbale Kommunikation und darauf, wie sie die Situation beeinflusst. Hier sind einige Hinweise:

- **Passen Sie Ihre nonverbalen Botschaften an:** Achten Sie darauf, dass sich Ihre verbalen Äußerungen und die Situation in Ihren nonverbalen Botschaften widerspiegeln.

- **Seien Sie sich Ihrer Körpersprache bewusst:** Verstehen Sie, wie Ihre Körpersprache das Gespräch beeinflussen kann.

- **Üben Sie aktives Zuhören:** Achten Sie auf verbale und nonverbale Zeichen, um die Situation zu verstehen.

Ein Beispiel: Sie beobachten, dass die andere Partei während einer Verhandlung energisch auftritt. Ihnen wird bewusst, dass Ihre Körpersprache zu der angespannten Situation beitragen könnte, also ändern Sie Ihren Tonfall und Ihre Körperhaltung, um die Spannung zu verringern.

Erkennen von nonverbalen Hinweisen in sozialen Situationen

Die Verwendung nonverbaler Botschaften in der sozialen Kommunikation ist entscheidend. Nonverbale Botschaften geben Aufschluss über die Gedanken, Gefühle und Absichten einer Person und helfen Ihnen, eine bessere Beziehung zu ihr aufzubauen, insbesondere in sozialen Situationen. Wenn Sie neue Leute kennenlernen, verlassen Sie sich stark auf nonverbale Botschaften, um Eindrücke zu gewinnen und Beziehungen aufzubauen.

Die Bedeutung der Körpersprache beim Networking

Networking ist wichtig, egal ob Sie einen Job suchen, Ihr soziales Netzwerk ausbauen oder Ihr Unternehmen vermarkten wollen. Beim Networking ist es wichtig, mit anderen in Kontakt zu treten, und die Körpersprache ist genauso wichtig wie die verbale Kommunikation.

Die Körpersprache kann Durchsetzungsvermögen, Offenheit und Selbstvertrauen vermitteln, die für erfolgreiches Networking wichtig sind. Mit der richtigen Körpersprache können Sie einen positiven ersten Eindruck hinterlassen, neue Kontakte knüpfen und Vertrauen und Zuverlässigkeit ausstrahlen.

Körpersprache lesen, um Ihre Networking-Fähigkeiten zu verbessern

Für eine effektive soziale Kommunikation müssen Sie in der Lage sein, die Körpersprache zu lesen. Um Ihre Networking-Fähigkeiten zu verbessern, sollten Sie die folgenden Techniken zum Lesen der Körpersprache anwenden:

Achten Sie auf den Blickkontakt

Blickkontakt ist eine starke nonverbale Botschaft, die Aufrichtigkeit, Vertrauen und Neugierde vermittelt. Lassen Sie Ihren Blick nicht abschweifen, während Sie sich mit jemandem unterhalten. Halten Sie stattdessen Blickkontakt. Das Vermeiden von Blickkontakt könnte auf Unbehagen oder Teilnahmslosigkeit hindeuten, während ein übermäßiger Blickkontakt feindselig wirken kann.

Achten Sie auf Ihre Körperhaltung

Die Körperhaltung kann Offenheit, Durchsetzungsvermögen und Selbstvertrauen vermitteln. Halten Sie die Schultern zurück, stehen Sie gerade und vermeiden Sie es, sich zu beugen oder zu krümmen. Eine gute Körperhaltung kann Ihnen helfen, eine selbstbewusste und freundliche Persönlichkeit auszustrahlen.

Halten Sie Ausschau nach Spiegelungen

Spiegeln bedeutet, dass jemand Ihre Handlungen, Gesten oder Gesichtsausdrücke imitiert. Spiegeln bedeutet Bindung, da es zeigt, dass die andere Person Ihnen Aufmerksamkeit schenkt und von dem, was Sie sagen, fasziniert ist.

Achten Sie auf den Tonfall Ihrer Stimme

Der Tonfall kann Emotionen wie Aufregung, Vertrauen und Ehrlichkeit vermitteln. Passen Sie den Tonfall Ihrer Stimme an Ihren Gesprächspartner an, indem Sie ihm genau zuhören. Wenn Sie klar und selbstbewusst kommunizieren, fällt es Ihnen vielleicht leichter, vertrauenswürdig und selbstsicher zu wirken.

Achten Sie auf Handgesten

Handgesten können Eifer, Aufrichtigkeit und Wissensdurst ausdrücken. Zappeln Sie nicht herum und verschränken Sie nicht die Arme, denn das könnte Abwehrhaltung oder Unbehagen signalisieren. Verwenden Sie stattdessen Gesten mit offenen Händen und halten Sie Ihre Arme an den Seiten.

Verwenden Sie Ihre Körpersprache, um eine Verbindung zu neuen Bekannten aufzubauen

Um erfolgreiches Networking zu betreiben, ist es wichtig, eine Beziehung aufzubauen. Mit einer guten Körpersprache können Sie eine Verbindung zu jemandem herstellen, den Sie nicht kennen, und Vertrauen aufbauen.

Hier sind einige Tipps, wie Sie mit Ihrer Körpersprache eine Beziehung aufbauen können:

Lächeln

Eine der einfachsten Möglichkeiten, mit jemandem Kontakt aufzunehmen, ist ein Lächeln. Ein aufrichtiges und einladendes Lächeln kann dazu beitragen, einen positiven ersten Eindruck zu vermitteln und die andere Person zu beruhigen. Ein Lächeln zeigt, dass Sie freundlich, nett und an der anderen Person interessiert sind. Ihr Lächeln muss aufrichtig sein, wenn Sie es zur Kontaktaufnahme einsetzen. Ein falsches Lächeln kann Verdacht erregen, weil es offensichtlich ist, denn Ihre Lippen folgen Ihren Augen, wenn Sie lächeln. Es zeigt, dass Sie in das Gesprächsthema vertieft sind, wenn Sie lächeln und gleichzeitig den Blickkontakt aufrechterhalten.

Sie bewerben sich zum Beispiel um eine Stelle und möchten den Personalchef beeindrucken. Nähern Sie sich dem Raum mit einem warmen Lächeln, einer offenen Körpersprache und einem Ausdruck Ihrer Freude über das Stellenangebot. Konzentrieren Sie sich darauf, den Blickkontakt zu halten, aufmerksam zu sein und mit dem Tonfall Ihrer Stimme Ihre Begeisterung für die Stelle zu vermitteln.

Zeigen Sie Ihren Enthusiasmus

Begeisterung ist ansteckend und kann dazu beitragen, dass eine Person schnell Sympathie entwickelt. Wenn Sie Begeisterung zeigen, vermitteln Sie Interesse an dem, was die andere Person sagt und schätzen ihren Standpunkt.

Um Begeisterung in Ihrem Tonfall und Ihrer Mimik wirksam zum Ausdruck zu bringen, sollten Sie lebhaft sprechen. Nehmen Sie Blickkontakt auf, lächeln und nicken Sie, wenn Ihr Gesprächspartner spricht.

Verwenden Sie Berührungen, um Wärme und Aufrichtigkeit zu demonstrieren

Eine wirksame Methode der nonverbalen Kommunikation ist die Berührung. Sie zeigt, dass Sie ehrlich, warmherzig und vertrauenswürdig sind. Es ist aber auch eine Methode, die mit äußerster Vorsicht und Höflichkeit eingesetzt werden muss, um keine falsche Botschaft zu vermitteln. Bitte vergewissern Sie sich, dass Ihr Gegenüber sich bei körperlichen Berührungen wohl fühlt und dass Sie nicht in seinen persönlichen Raum eindringen. Geben Sie ihm die Hand oder berühren Sie ihn leicht am Arm oder an der Schulter, um eine Verbindung herzustellen. Wenn sich Ihr Gegenüber unwohl fühlt, vermeiden Sie den Kontakt und respektieren Sie seinen persönlichen Raum.

Setzen Sie eine offene Körpersprache ein

Sie müssen nicht viel sagen, bevor Ihre Körpersprache Sie verrät. Wenn Sie zum Beispiel die Beine oder Arme verschränken, ist das ein Zeichen dafür, dass Sie sich gleichgültig oder abwehrend fühlen.

Halten Sie Ihre Haltung offen, verschränken Sie Ihre Beine und Arme nicht und verwenden Sie eine aufgeschlossene Körpersprache. Drehen Sie sich zum Gesprächspartner um und beugen Sie sich leicht vor, um zu zeigen, dass Sie dem Gesprächspartner aufmerksam zuhören. So entwickeln Sie ein Gefühl von Komfort und Vertrauen zu Ihrem Gesprächspartner.

Verwenden Sie die Spiegelungstechnik

Die Spiegelungstechnik bedeutet, dass Sie auf subtile Weise die Körperhaltung, Gestik und das Verhalten Ihres Gesprächspartners imitieren. Sie ist eine der schnellsten Methoden, um Beziehungen und ein gutes Verhältnis aufzubauen. Um die Spiegelungstechnik anzuwenden, beobachten und imitieren Sie die Körpersprache der anderen Person. Sie könnten sich zum Beispiel nach vorne lehnen, wenn Ihr Gegenüber sich nach vorne lehnt. Benutzen Sie Ihre Hände, um die Gesten Ihres Gegenübers nachzuahmen, wenn er seine Gesten als Zeichen benutzt. Verwenden Sie das Spiegeln sparsam und in Maßen, um nicht unecht oder manipulativ zu wirken.

Nehmen wir an, Sie möchten bei einem Networking-Event einen guten ersten Eindruck bei einem potenziellen Geschäftspartner hinterlassen - verwenden Sie eine offene Körpersprache, ein echtes Lächeln und Worte der Wertschätzung, wenn Sie sich vorstellen. Nutzen Sie minimalen Körperkontakt, wie einen leichten Händedruck, und ahmen Sie die Körpersprache Ihres Gegenübers nach, um eine Beziehung aufzubauen.

Nonverbale Kommunikation in romantischen Beziehungen verstehen

Nonverbale Botschaften sind in romantischen Beziehungen häufig effektiver als verbale Kommunikation.

Im Folgenden finden Sie einige Beispiele, in denen nonverbale Botschaften in Beziehungen verwendet werden:

Achten Sie auf die Körpersprache

Die Haltung, der Gang und die Manierismen Ihres Partners verraten viel über seine Gefühle. Das Überkreuzen der Arme oder Beine könnte beispielsweise ein Zeichen von Unbehagen oder Abwehr sein. Außerdem deutet es auf Interesse oder Anziehung hin, wenn er sich Ihnen zuneigt oder Ihre Bewegungen nachahmt.

Achten Sie genau auf den Gesichtsausdruck

Der Gesichtsausdruck einer Person sagt viel darüber aus, wie sie sich fühlt. Wenn Ihr Gesprächspartner lächelt und Blickkontakt aufnimmt, ist er wahrscheinlich mit Freude bei der Sache. Wenn er jedoch Ihrem Blick ausweicht oder einen finsteren Blick aufsetzt, könnte das ein Hinweis darauf sein, dass er sich gestört oder unwohl fühlt.

Achten Sie auf den Tonfall

Wie jemand spricht, verrät viel über seine Gefühle. Ein weicher und einfühlsamer Tonfall kann beispielsweise auf Liebe hindeuten, ein rauer und starker Tonfall hingegen auf Ärger oder Wut. Die Beobachtung dieser nonverbalen Botschaften gibt Ihnen wertvolle Einblicke in die Gefühle Ihres Partners und verbessert Ihre Fähigkeit, mit ihm zu interagieren.

Wie Körpersprache bei der Konfliktlösung helfen kann

Die Emotionen der Menschen nehmen überhand und schießen durch die Decke, wenn sie verärgert sind, und sie sagen oder tun häufig Dinge, die sie bereuen. In Beziehungen wird es immer Streit geben. Konflikte verschlimmern sich, wenn sie unangemessen gehandhabt werden, egal ob es sich um kleine Meinungsverschiedenheiten oder ausgewachsene

Kämpfe handelt. Streitigkeiten können gütlich beigelegt werden und sogar dazu beitragen, dass die Beziehung wächst, wenn man sie richtig angeht.

Die folgenden Tipps werden Ihnen helfen, Streitigkeiten mit Hilfe der Körpersprache zu überwinden:

Bleiben Sie ruhig

Es ist normal, dass bei Meinungsverschiedenheiten plötzlich die Emotionen hochkochen. Impulsive Reaktionen können das Problem verschlimmern und die Beziehung säuern. Ihr Urteilsvermögen wird durch Wut, Irritation und Angst getrübt. An diesem Punkt müssen Sie die Fassung bewahren und die Angelegenheit rational angehen. Die Kontrolle Ihrer Atmung ist eine Technik, die Ihnen hilft, ruhig zu bleiben. Atmen Sie tief ein und atmen Sie sanft aus, um Ihren Herzschlag zu regulieren und Ihre Muskeln zu entspannen. Durch diese Übung werden Sie sich besser unter Kontrolle haben und weniger impulsiv sein.

Eine weitere Methode, die Gelassenheit zu bewahren, ist eine offene Körpersprache. Halten Sie Ihre Arme entspannt und stellen Sie sicher, dass Ihr Partner Ihre Augen sehen kann. Das lässt ihn wissen, dass Sie bereit sind, ihm zuzuhören und die Dinge zu klären.

Erkennen Sie die Gefühle Ihres Partners an

Bei der Beilegung eines Streits ist es am besten, wenn Sie Einfühlungsvermögen und Respekt für die Gefühle Ihres Partners zeigen. Das kann die Spannungen lindern und zeigt Ihre Bereitschaft, eine Einigung auszuhandeln.

Hier sind einige Tipps, wie Sie die Gefühle Ihres Partners anerkennen können:

- Verwenden Sie Ich-Aussagen, um Ihr Verständnis für die Sichtweise Ihres Partners auszudrücken.

- Wenden Sie Strategien des aktiven Zuhörens an, indem Sie die Worte Ihres Partners wiederholen oder paraphrasieren.

- Wenn Sie sagen: „Ich verstehe, warum du dich so fühlst“ oder „Das muss schwierig für dich gewesen sein“, können Sie die Gefühle Ihres Partners bestätigen.

Ihr Partner wird sich verstanden und bestätigt fühlen, wenn Sie seine Gefühle berücksichtigen. Es hilft auch, das Gespräch zu einem Abschluss zu bringen.

Anhand des folgenden Beispiels können Sie sehen, wie die Körpersprache bei der Konfliktlösung helfen kann:

Sechs Monate nach Beginn ihrer Beziehung fingen Jane und Tom an, sich häufiger zu streiten. Tom hatte die Arme verschränkt und wich Janes Blicken während einer angespannten Debatte aus. Sie merkte, dass er sich in der Defensive befand und nicht bereit war, ihren Standpunkt zu hören. Sie atmete tief ein, verschränkte ihre Arme und sah Tom in die Augen. Während sie Toms Standpunkt in Betracht zog, drückte sie ihre Gefühle in Ich-Sätzen aus. Sie machte daraus einen effektiven Dialog und sie legten ihren Streit bei, nachdem sie die Techniken der offenen Körpersprache und des Respekts für Toms Gefühle angewandt hatten.

Verwenden Sie offene Körpersprache

Ohne ein Wort zu sagen, vermittelt Ihre Körpersprache eine Fülle von Informationen. Eine offene Körpersprache bei der Beilegung eines Streits kann das Vertrauen fördern und Ihre Bereitschaft zum Ausdruck bringen, die Sichtweise Ihres Partners zu berücksichtigen.

Im Folgenden finden Sie Beispiele für eine offene Körpersprache:

- Zeigen Sie, dass Sie Ihrem Partner zuhören, indem Sie mit dem Kopf nicken

- Halten Sie Blickkontakt mit Ihrem Partner.

- Ihre Mimik sollte entspannt sein.

- Kreuzen Sie nicht Ihre Arme oder Beine.

- Lehnen Sie sich leicht zu Ihrem Partner hin. Dies zeigt, dass Sie an einer Lösung des Problems interessiert sind.

Eine offene Körpersprache schafft eine sichere und einladende Umgebung für Ihren Partner, in der er seine Gedanken und Gefühle ausdrücken kann. Sie kann dabei helfen, Kommunikationshindernisse zu beseitigen.

Erkennen von Unehrlichkeit

Unehrlichkeit ist in einer Beziehung unausweichlich, selbst wenn Sie Ihrem Partner vertrauen. Anhand der Körpersprache können Sie Täuschungen als das erkennen, was sie wirklich sind. Mit den folgenden nützlichen Tipps können Sie auftretende Probleme erkennen und angehen:

* **Keinen Blickkontakt aufrechterhalten**

Unehrliche Menschen scheuen den direkten Blickkontakt. Das ist ein Zeichen dafür, dass sie sich unwohl fühlen oder nicht ganz aufrichtig sind. Wenn Sie ihnen in die Augen schauen, haben sie das Gefühl, dass Sie in ihre Seele blicken und würden alles tun, um Ihrem Blick auszuweichen.

* **Die Körpersprache ist nicht konsistent**

Eine inkonsistente Körpersprache ist häufig das Ergebnis von Unehrlichkeit. Eine Person, die lügt, könnte beispielsweise lächeln, aber ihre Körpersprache zeigt Stress oder Unbehagen. Wenn Sie diese Warnzeichen kennen, können Sie besser feststellen, wann Ihr Partner lügt, und Ihnen helfen, Ihre Beziehungsprobleme zu bewältigen.

Nervöse Bewegungen oder Zappeln

Wenn Ihr Partner lügt, zappelt er in der Regel herum, berührt sein Gesicht oder seine Haare, vermeidet es, still zu stehen oder zeigt andere nervöse Verhaltensweisen.

Entwickeln Sie Ihre Fähigkeit, Körpersprache zu lesen

Die Fähigkeit, die Körpersprache zu lesen, ist kein Naturtalent. Der Lernprozess erfordert Geduld, Mühe und den Willen. Hier sind einige Vorschläge, die Ihnen helfen, die Körpersprache besser zu lesen:

* Achten Sie darauf, wie Menschen ihren Körper halten und ihre Hände, ihren Mund und ihre Augen bewegen. Dadurch werden verschiedene Gefühle und Ideen vermittelt.

* Beobachten Sie Häufungen und Muster der Körpersprache.

* Achten Sie darauf, wie Menschen ihren Körper bei gesellschaftlichen Ereignissen, Treffen oder beim Ansehen von Filmen oder Fernsehen bewegen.

* Lernen Sie, die Körpersprache in Alltagssituationen zu lesen. Beobachten Sie die Körpersprache Ihrer Gesprächspartner und versuchen Sie, sie mit deren Sprache und Verhalten in Beziehung zu setzen.

* Untersuchen Sie, wie sich die Körpersprache in den verschiedenen Kulturen unterscheidet. Bestimmte Gesten oder

Körperhaltungen haben in verschiedenen Kulturen unterschiedliche Bedeutungen.

Die Wichtigkeit von Kontext und Verhaltensmustern

Um die Körpersprache lesen zu können, müssen Sie den Kontext und die Verhaltensmuster verstehen. Körpersprache kann kompliziert sein und je nach Situation mehrere Bedeutungen haben.

Die folgenden Vorschläge können Ihnen helfen, die Körpersprache im Kontext zu analysieren:

Verstehen Sie die Beziehung und das Umfeld

Um ein körpersprachliches Signal zu verstehen, muss man den Kontext verstehen, in dem es verwendet wurde. Dazu müssen Sie die Situation, die beteiligten Parteien und andere relevante Details berücksichtigen. So kann ein Lächeln in einem Fall, wie z.B. bei einem Treffen mit einem neuen Bekannten, einladend wirken, in einer anderen Situation, wie z.B. bei einem ernsten Gespräch, jedoch spöttisch oder falsch.

Die Beziehung zwischen zwei Personen kann die Bedeutung von körpersprachlichen Hinweisen stark beeinflussen. Die Berührung Ihres Arms durch einen engen Freund kann als tröstlich empfunden werden, während die Berührung Ihres Arms durch einen Fremden als aufdringlich oder unangemessen empfunden werden kann. Indem Sie die Beziehung und den Kontext berücksichtigen, können Sie verhindern, dass Sie die Körpersprache missverstehen und die falschen Schlüsse ziehen.

Achten Sie auf die Details

Timing und Reihenfolge sind wichtige Aspekte, die Sie beim Verständnis der Körpersprache berücksichtigen sollten. Die Beachtung dieser Nuancen ist entscheidend, um Missverständnissen vorzubeugen, denn kleine Änderungen im Timing oder in der Reihenfolge von Gesten können deren Bedeutung erheblich verändern. So können beispielsweise ein Nicken und ein Kopfschütteln widersprüchliche Gefühle ausdrücken, während ein Kopfschütteln und ein Nicken nach anfänglichem Widerstand Zustimmung bedeuten kann.

Am besten ist es, wenn Sie darauf achten, wie die Körpersprache die verbale Kommunikation ergänzt. Der Vergleich zweier Signale ist entscheidend, um herauszufinden, was genauer ist, wenn jemand das eine sagt und etwas anderes durch die Körpersprache ausdrückt. Wenn jemand zum Beispiel sagt, er sei glücklich, aber seine Körpersprache darauf hindeutet, dass er es nicht ist, sollten Sie weiter nachforschen, um seine wahren Gefühle zu verstehen.

Der Einfluss von kombinierten Hinweisen

Während bestimmte Gesten einen Hinweis auf den emotionalen Zustand einer Person geben können, kann die Kombination mehrerer Indikatoren Ihnen helfen, die Gedanken der Person genauer zu verstehen. Gruppen von nonverbalen Hinweisen oder Gruppen von Bewegungen, die zusammen auftreten, können Ihnen Aufschluss über die Meinungen oder Absichten einer Person geben. Während eines Gesprächs lehnt sich jemand von Ihnen weg, verschränkt die Arme und vermeidet den Blickkontakt. Diese Ansammlung von Verhaltensweisen könnte darauf hindeuten, dass sich die Person unwohl fühlt oder sich verteidigt. Eine Person, die lächelt, nickt und ständigen Blickkontakt hält, ist dagegen engagiert und interessiert an dem Gespräch.

Um die Rolle von Kontext und Verhaltensmustern bei der Interpretation der Körpersprache besser zu verstehen, sollten wir einige reale Szenarien untersuchen:

• Öffentliche Ansprache

Ein Redner steht aufrecht, hält Blickkontakt und bewegt die Arme ausladend, wenn er vor einem Publikum spricht. Die Zuhörer sind eher geneigt, dem Redner zu glauben, wenn er diese Art von Gesten zeigt, denn das deutet darauf hin, dass der Redner selbstbewusst und sachkundig ist.

• Vorstellungsgespräch

Bei einem Vorstellungsgespräch beugt sich der Gesprächspartner vor, nickt und hält Blickkontakt mit dem Bewerber. Die Chancen des Bewerbers, die Stelle zu bekommen, könnten sich durch diese Gestenbündel erhöhen, denn sie zeigen, dass der Interviewer aufmerksam ist und sich für den Bewerber interessiert.

Wenn Sie lernen, die Körpersprache zu lesen und zu analysieren, können Sie Ihre Konversationsfähigkeiten verbessern, tiefere Beziehungen aufbauen und das Verhalten von Menschen besser verstehen. Das Lesen der Körpersprache in verschiedenen Kontexten, z.B. am Arbeitsplatz, in der Gesellschaft und in intimen Beziehungen, ist äußerst nützlich. Es kann die Art und Weise, wie Menschen unter bestimmten Umständen miteinander umgehen, erheblich beeinflussen.

Wenn Sie Ihre Fähigkeiten im Lesen der Körpersprache weiterentwickeln, können Sie bedeutungsvolle Beziehungen aufbauen, das Vertrauen anderer Menschen gewinnen und einen bleibenden Eindruck hinterlassen.

Fazit

Jetzt, wo Sie dieses Buch gelesen haben, wissen Sie alles darüber, wie man Menschen wie ein Buch liest. Sie haben genügend Wissen erworben, um Körpersprache und nonverbale Botschaften effektiv zu verstehen und zu interpretieren. Wenn Sie wissen, wie Sie diese Zeichen richtig deuten können, erhalten Sie natürlich mehr Einblick in die Absichten, Gedanken und Gefühle anderer. Wenn Sie diese Zeichen lernen, werden Sie ein besserer Kommunikator und können erkennen, wann jemand lügt oder böse Absichten hat.

Nonverbale Botschaften sind der Schlüssel zum Aufbau von Vertrauen und Beziehungen zwischen Menschen. Menschen suchen unbewusst nach Hinweisen im Gesichtsausdruck, in der Körpersprache und im Tonfall einer Person, um festzustellen, ob man ihr vertrauen kann. Haben Sie jemals ohne ersichtlichen Grund ein ungutes Gefühl bei jemandem? Vielleicht haben Sie eine nonverbale Botschaft aufgeschnappt, die auf böse Absichten schließen lässt. Wenn Sie nonverbale Botschaften verstehen, wissen Sie zumindest, wann Sie an der Reihe sind oder wann Sie in einem sanfteren Tonfall sprechen oder ein freundliches Lächeln aufsetzen sollten, damit sich der andere wohl fühlt.

Dieses Buch behandelt die Bedeutung von Beobachtung, Interpretation und Intuition beim Lesen der Körpersprache von Menschen. Sie haben die Fähigkeiten und Strategien erlernt, die es Ihnen ermöglichen, zwischen verschiedenen körpersprachlichen Hinweisen wie Körperhaltung, Mimik und Gestik zu unterscheiden und zu bestimmen, was diese bedeuten. Sie haben unverzichtbare Tipps und Tricks kennengelernt, die Sie immer wieder anwenden können, um diese Hinweise zu beobachten und die Botschaften und versteckten Emotionen zu erkennen, die die Stimme einer Person transportiert.

Beim Lesen dieses Buches haben Sie entdeckt, wie der kulturelle Hintergrund und die persönlichen Werte eines Menschen seine Kommunikationsfähigkeiten, sein Verhalten und seine Körpersprache stark beeinflussen können. Sie haben die faszinierende und zugleich beunruhigende Welt der Täuschung erkundet und verstanden, wie viele Menschen diese Kunst nutzen, um Gespräche zu ihren Gunsten zu lenken. Glücklicherweise können Sie dank der Kenntnisse über Täuschung leicht feststellen, wann jemand nicht die Wahrheit sagt oder nicht Ihr bestes Interesse im Sinn hat.

Dieses Buch erläutert, welche Rolle Ihre Intuition beim Lesen der Körpersprache spielt. Sie sollten Ihrem Instinkt vertrauen und auf Ihr Bauchgefühl achten, wenn Sie andere verstehen wollen. Intuition ist ein entscheidender Aspekt der Kommunikation, denn sie hilft Ihnen, zwischen den Zeilen zu lesen und Informationen aufzudecken, die Sie nicht direkt preisgeben. Mit Hilfe der Intuition können Sie feststellen, wie andere auf Ihre Botschaften reagieren könnten und wie Ihre Worte und Handlungen wahrgenommen werden. Mit der Zeit wird das Vertrauen in Ihre Intuition Ihnen helfen, stärkere Beziehungen aufzubauen und klarere Grenzen zu ziehen.

Sie sind nun in der Lage, die erworbenen Fähigkeiten in verschiedenen Kontexten anzuwenden, z.B. am Arbeitsplatz, in sozialen Situationen und in persönlichen Beziehungen. Die menschliche Kommunikation ist sehr komplex. Oft gibt es unterschwellige Elemente, die von den Menschen nicht wahrgenommen werden, weshalb Missverständnisse und Fehlkommunikationen immer wahrscheinlich sind. Daher ist ein Buch, das Ihnen hilft, die Körpersprache zu lesen, besonders praktisch.

Denken Sie daran, dass jeder Mensch auf seine Weise kommuniziert. Einige körpersprachliche Hinweise können je nach Kontext und Persönlichkeit der Person unterschiedliche Bedeutungen haben. Daher sollten Sie diese Zeichen vernünftig interpretieren und bei der Beobachtung der Körpersprache von Menschen auf individuelle Unterschiede achten.

Die Kunst der nonverbalen Kommunikation zu beherrschen, erfordert viel Übung, Hingabe, Mühe und Geduld. Doch dieses mächtige und lohnende Werkzeug ist die Mühe wert. Wenn Sie diese Strategien in Ihr tägliches Leben und Ihre Interaktionen einbeziehen, können Sie das Verhalten anderer vorhersagen und sie auf einer tieferen Ebene verstehen.

Hier ist ein weiteres Buch von Andy Gardner, das Ihnen gefallen könnte

Quellenangaben

(N.d.). Inc.com. https://www.inc.com/lolly-daskal/learn-the-secret-into-decoding-people-s-emotions.html

(N.d.). Indeed.com. https://www.indeed.com/career-advice/career-development/improve-observation-skills#:~:text=Observation%20skills%20are%20qualities%20and,people%20and%20things%20around%20you.

. https://exploringyourmind.com/what-does-your-tone-of-voice-convey/

4 types of listening: Exploring how to be a better listener. (2021, June 2). Maryville Online. https://online.maryville.edu/blog/types-of-listening/

About Paul Ekman. (2013, May 15). Paul Ekman Group. https://www.paulekman.com/about/paul-ekman/

Ackerman, A. (2008, March 6). Emotion thesaurus entry: Jealousy. WRITERS HELPING WRITERS®; Writers Helping Writers. https://writershelpingwriters.net/2008/03/emotion-thesaurus-entry-jealousy/

Birch, J. (2021, August 29). Physical signs someone is in love with you: How to recognize body language. Well+Good. https://www.wellandgood.com/signs-someone-is-in-love-with-you/

Body language for intuition: Certified body language trainer. (2018, March 24). Nonverbal Science with Monica Levin; Nonverbal Science, LLC. https://www.nonverbalscience.com/speaker/intuition/

Body language: Definition, examples, & signs. (n.d.). The Berkeley Well-Being Institute. https://www.berkeleywellbeing.com/body-language.html

Braillon, A., & Taiebi, F. (2020). Practicing "Reflective listening" is a mandatory prerequisite for empathy. Patient Education and Counseling, 103(9), 1866–1867. https://doi.org/10.1016/j.pec.2020.03.024

Busswitz, K. (2021, May 20). Which of the 5 posture types are you? BraceAbility. https://www.braceability.com/blogs/articles/types-of-posture-and-spinal-curves

Cherry, K. (2006, September 6). Types of Nonverbal Communication. Verywell Mind. https://www.verywellmind.com/types-of-nonverbal-communication-2795397

Cherry, K. (2015, January 5). Why empathy is important. Verywell Mind. https://www.verywellmind.com/what-is-empathy-2795562

Cherry, K. (2019, February 17). What Is Repression? Verywell Mind. https://www.verywellmind.com/repression-as-a-defense-mechanism-4586642

Cooper, C. (1677324168000). Macro and Micro Expressions: Understand the importance of them. Linkedin.com. https://www.linkedin.com/pulse/macro-micro-expressions-understand-importance-them-colin-cooper/

Cuncic, A. (2010, May 10). 7 active listening techniques to practice in your daily conversations. Verywell Mind. https://www.verywellmind.com/what-is-active-listening-3024343

Cuncic, A. (2013, April 28). How to read facial expressions. Verywell Mind. https://www.verywellmind.com/understanding-emotions-through-facial-expressions-3024851

EMEET. (2023, March 8). Importance of facial expressions in communication. EMEET. https://emeet.com/blogs/content/importance-of-facial-expressions-in-communication

Faces poem by Sara Teasdale. (n.d.). Poem Hunter. https://www.poemhunter.com/poem/faces-37/

Fox, E. (2022, September 12). Gut feelings: How does intuition work, anyway? Literary Hub. https://lithub.com/gut-feelings-how-does-intuition-work-anyway/

Gesture Types. (n.d.). Changingminds.org. http://changingminds.org/explanations/behaviors/body_language/gesture_type.htm

h24 CREATIVE STUDIO s. r. o. (2018, September 4). Cultural differences in nonverbal communication. Lexika. https://www.lexika-translations.com/blog/cultural-differences-in-nonverbal-communication/

Hammond, C., MS, & LMHC. (2018, March 10). 30 reasons why people lie. Psych Central. https://psychcentral.com/pro/exhausted-woman/2018/03/30-reasons-why-people-lie

Hwang, R. (2022, January 18). 8 powerful ways to tap into your intuition (that work!). Science of People. https://www.scienceofpeople.com/intuition/

Imam, R. (2020, February 25). The power of body language in the workplace. Forbes. https://www.forbes.com/sites/forbesbusinesscouncil/2020/02/25/the-power-of-body-language-in-the-workplace/

Interpreting Body Language. (2011). In Qualitative Market Research (pp. 199–201). SAGE Publications, Inc.

Kardec, R. (2020). Body language: Read and analyze people. Learn how to influence anyone through behavioral psychology secrets. Discover powerful verbal and non-verbal communication skills. Charlie Creative Lab.

Kelly, B. (2023, March 11). How does culture affect communication: Exploring the impact, importance & examples. Peep Strategy. https://peepstrategy.com/how-culture-affects-communication/

Kishore, K. (2020, September 7). Finding the right tone of voice in communication. Harappa. https://harappa.education/harappa-diaries/tone-of-voice-types-and-examples-in-communication/

Liebenthal, E., Silbersweig, D. A., & Stern, E. (2016). The language, tone and prosody of emotions: Neural substrates and dynamics of spoken-word emotion perception. Frontiers in Neuroscience, 10, 506. https://doi.org/10.3389/fnins.2016.00506

Lumen Learning. (n.d.). Cultural context. Lumenlearning.com. https://courses.lumenlearning.com/suny-esc-communicationforprofessionals/chapter/cultural-context/

Martinez, A. M. (2019). Context may reveal how you feel. Proceedings of the National Academy of Sciences of the United States of America, 116(15), 7169–7171. https://doi.org/10.1073/pnas.1902661116

Maya, V. (2022, January 23). Tone of voice in communication: How to use it effectively at work. CustomersFirst Academy. https://customersfirstacademy.com/tone-of-voice-in-communication/

McKinney, P. (1647870992000). Should you trust your gut? Linkedin.com. https://www.linkedin.com/pulse/should-you-trust-your-gut-phil-mckinney?trk=public_post-content_share-article

Menzies, F. (2015, June 15). You're cramping my style: Cultural differences in nonverbal communication. Include-empower.com; Culture Plus Consulting. https://cultureplusconsulting.com/2015/06/15/cultural-differences-in-non-verbal-communication/

MindTools. (n.d.). Mindtools.com. https://www.mindtools.com/acjxune/8-ways-to-improve-your-powers-of-observation

Monte, J. (1416921086000). Observation, empathy & insight: Tools for elicitation. Linkedin.com. https://www.linkedin.com/pulse/20141125131126-202979673-observation-empathy-insight-tools-for-elicitation/

Monu Borkala, L. K. (2022, July 14). Importance of observation skills and how to develop it. CollegeMarker Blog. https://collegemarker.com/blogs/importance-of-observation-skills/

Muletown Digital. (n.d.). Two types of gestures: Illustrators and emblems –

Ethos3 – A presentation training and design agency. https://ethos3.com/two-types-of-gestures-illustrators-and-emblems/

No title. (n.d.). Study.com. https://study.com/academy/lesson/understanding-the-tone-and-voice-of-your-message.html

Nonverbal communication and body language - Helpguide.org. (n.d.). https://www.helpguide.org/articles/relationships-communication/nonverbal-communication.htm

Nonverbal communication and body language - Helpguide.org. (n.d.). https://www.helpguide.org/articles/relationships-communication/nonverbal-communication.htm

Okorobie, D. (n.d.). Importance of body language at work. Betteryou.Ai. https://www.betteryou.ai/importance-of-body-language-at-work/

Owen, S. (2014, February 17). Trust your instincts to read body language: 10 tips. Relationships Coach UK; Relationships Coach. https://www.relationshipscoach.co.uk/blog/trust-your-instincts-to-read-body-language-10-tips/

Patel, D. (2018, October 10). 10 telltale phrases that indicate somebody isn't telling the truth. Entrepreneur. https://www.entrepreneur.com/living/10-telltale-phrases-that-indicate-somebody-isnt-telling/321282

Paul Ekman ph.D. (n.d.). Psychology Today. https://www.psychologytoday.com/us/contributors/paul-ekman-phd

Pease, A. &. B. [@peaseinternational]. (2020, May 10). Intuition vs Body Language - how to tell what others are really thinking. Youtube. https://www.youtube.com/watch?v=h29U8Bw2gK4

Posture. (n.d.). Physiopedia. https://www.physio-pedia.com/Posture

Proxemics and its Types – Explained with Examples. (2022, July 6). Communication Theory. https://www.communicationtheory.org/proxemics-and-its-types-explained-with-examples/

Schueneman, T. (2023, March 10). Cultural differences in nonverbal communication. Point Park University Online; Point Park University. https://online.pointpark.edu/business/cultural-differences-in-nonverbal-communication/

Situation awareness: Making sense of the world. (2020, May 16). Human Factors 101. https://humanfactors101.com/topics/situation-awareness/

Situational awareness and survival. (n.d.). Psychology Today. https://www.psychologytoday.com/us/blog/hope-resilience/202010/situational-awareness-and-survival

Sivaraman, A., & People Matters Media Pvt. Ltd. (2020, July 27). Observational intuition: Making sense of what is staring at us. People Matters. https://www.peoplematters.in/blog/employee-relations/observational-intuitionmaking-sense-of-what-is-staring-at-us-26461

Song, S. Y., Curtis, A. M., & Aragón, O. R. (2020). Anger and sadness expressions situated in both positive and negative contexts: An investigation in South Korea and the United States. Frontiers in Psychology, 11, 579509. https://doi.org/10.3389/fpsyg.2020.579509

Street, F. (2013, April 1). The art of observation: The two types of observations. Farnam Street. https://fs.blog/the-art-of-observation/

Sutton, J. (2020, August 27). What is intuition and why is it important? 5 examples. Positivepsychology.com. https://positivepsychology.com/intuition/

Sutton, J. (2020, August 27). What is intuition and why is it important? 5 examples. Positivepsychology.com. https://positivepsychology.com/intuition/

Tai, Y. (2014). The application of body language in English teaching. Journal of Language Teaching and Research, 5(5). https://doi.org/10.4304/jltr.5.5.1205-1209

Taylor, P. (2022, June 13). Hands on chin body language (understand now). Body Language Matters. https://bodylanguagematters.com/hands-on-chin-body-language/

The body language of couples in love. (n.d.). Psychology Today. https://www.psychologytoday.com/intl/blog/cutting-edge-leadership/202211/the-body-language-couples-in-love

The MIT Press Reader. (2019, December 23). Proxemics 101: Understanding personal space across cultures. The MIT Press Reader. https://thereader.mitpress.mit.edu/understanding-personal-space-proxemics/

The seven universal emotions we wear on our face. (n.d.). CBC News. https://www.cbc.ca/natureofthings/features/the-seven-universal-emotions-we-wear-on-our-face

Tidwell, C. (n.d.). Non Verbal Communication. Andrews.edu. https://www.andrews.edu/~tidwell/bsad560/NonVerbal.html

Tolison, M. (2020, August 2). Social Skills: Understanding the micro and macro expressions. Dandelion Family Counseling. https://dandelionfamilycounseling.com/2020/08/02/social-skills-understanding-the-micro-and-macro-expressions/

Types of facial expressions. (2020a, December 24). Paul Ekman Group. https://www.paulekman.com/nonverbal-communication/types-of-facial-expressions/

Types of facial expressions. (2020b, December 24). Paul Ekman Group. https://www.paulekman.com/nonverbal-communication/types-of-facial-expressions/

Types of. (n.d.). Proxemics. https://proxemics.weebly.com/types-of-proxemics.html

Understanding body language in social settings. (n.d.). Betterhelp.com. https://www.betterhelp.com/advice/body-language/understanding-body-language-in-social-settings/

Van Edwards, V. (2016, November 16). The Definitive Guide to Reading Microexpressions - Vanessa van Edwards. Medium. https://medium.com/@vvanedwards/how-to-decode-the-7-basic-emotions-140561f2ccdf

Van Edwards, V. (2020, April 21). The definitive guide to reading microexpressions (facial expressions). Science of People. https://www.scienceofpeople.com/microexpressions/

Van Edwards, V. (2021, April 9). 7 ways body language will give you away - ear body language. Science of People. https://www.scienceofpeople.com/ears-body-language/

Van Edwards, V. (2021, February 18). Proxemics: How to use the 4 zones in ANY social situation. Science of People. https://www.scienceofpeople.com/proxemics/

Van Edwards, V. (2021, January 19). 16 essential body language examples and their meanings. Science of People. https://www.scienceofpeople.com/body-language-examples/

Waters, S. (n.d.). How to read body language and gain deeper emotional awareness. Betterup.com. https://www.betterup.com/blog/how-to-read-body-language

What does angry body language look like? (n.d.). Betterhelp.com. https://www.betterhelp.com/advice/anger/what-does-angry-body-language-look-like/

What does it mean to "raise eyebrows"? | Britannica Dictionary. (n.d.). In Encyclopedia Britannica.

What does your tone of voice convey? (2018, June 18). Exploring Your Mind. https://exploringyourmind.com/what-does-your-tone-of-voice-convey/

What is active listening and how can you improve this key skill? (2022, February 11). Coursera. https://www.coursera.org/articles/active-listening

What is proxemics? (2021, May 26). Goseeko Blog. https://www.goseeko.com/blog/what-is-proxemics/

What is situational awareness? (2018, September 7). Coolfire. https://www.coolfiresolutions.com/blog/what-is-situational-awareness/

What it means when someone crosses their arms, from body language experts. (2020, September 18). Mindbodygreen. https://www.mindbodygreen.com/articles/what-do-crossed-arms-mean

Why psychologists study the Duchenne smile, and what it means for you. (n.d.). Betterhelp.com. https://www.betterhelp.com/advice/general/why-psychologists-study-the-duchenne-smile-and-what-it-means-for-you/

Wilding, M. (2018, March 14). The science of intuition can help you understand how to use it. Quartz. https://qz.com/work/1227997/the-science-of-intuition-can-help-you-understand-how-to-use-it

Xu, Q., Yang, Y., Tan, Q., & Zhang, L. (2017). Facial expressions in context: Electrophysiological correlates of the emotional congruency of facial expressions and background scenes. Frontiers in Psychology, 8, 2175. https://doi.org/10.3389/fpsyg.2017.02175

Zhao, K., Zhao, J., Zhang, M., Cui, Q., & Fu, X. (2017). Neural responses to rapid facial expressions of fear and surprise. Frontiers in Psychology, 8, 761. https://doi.org/10.3389/fpsyg.2017.00761

Bildquellen

1 *https://www.pexels.com/photo/woman-facing-the-ocean-during-day-169908/*

2 *https://unsplash.com/photos/_VkwiVNCNfo?utm_source=unsplash&utm_medium =referral&utm_content=creditShareLink*

3 *https://unsplash.com/photos/vlPweKlWOmg?utm_source=unsplash&utm_medium= referral&utm_content=creditShareLink*

4 *https://unsplash.com/photos/splQbzTnaW0*

5 *https://unsplash.com/photos/kxTmX59VqEE?utm_source=unsplash&utm_medium= referral&utm_content=creditShareLink*

6 *https://unsplash.com/photos/ASKeuOZqhYU?utm_source=unsplash&utm_medium= referral&utm_content=creditShareLink*

7 *https://unsplash.com/photos/AFB6S2kibuk?utm_source=unsplash&utm_medium=r eferral&utm_content=creditShareLink*

8 *https://unsplash.com/photos/j5itvdU55FI?utm_source=unsplash&utm_medium= referral&utm_content=creditShareLink*

9 *https://www.pexels.com/photo/men-s-black-blazer-652348/*